4步提升孩子的阅读能力

左岩◎著

人民邮电出版社

北 京

图书在版编目（CIP）数据

4步提升孩子的阅读能力 / 左岩著 . -- 北京：人民邮电出版社，2025. -- ISBN 978-7-115-66259-0

Ⅰ . G624.233

中国国家版本馆 CIP 数据核字第 20256WR360 号

内 容 提 要

本书严格按照《义务教育语文课程标准（2022 年版）》"阅读与鉴赏"方面的要求，针对小学不同学段的孩子，提供了提升基础阅读能力和深度阅读能力的方法，并分步骤地教会孩子如何正确理解词、句、段、文章和整本书的主旨，以及提高对语言文字的感悟能力。

本书作者深耕儿童阅读教育领域 20 多年，积累了丰富的教学心得和实战经验，形成了一套行之有效的提升孩子阅读能力的方法。她将提升孩子基础阅读能力的方式比喻为拆房子，将提升深度阅读能力的方式比喻为挖井，既形象又生动，有利于老师、家长和孩子理解。

全书围绕提升孩子阅读能力的 4 个步骤提供了完整的实操案例，并根据《义务教育语文课程标准（2022 年版）》的要求为每个学段的孩子各选了 3 本书进行讲解，非常适合学校及教育机构的语文教师、家长和小学生阅读使用。

◆ 著　　左　岩

责任编辑　刘　盈

责任印制　彭志环

◆ 人民邮电出版社出版发行　　北京市丰台区成寿寺路 11 号

邮编 100164　电子邮件 315@ptpress.com.cn

网址 https://www.ptpress.com.cn

三河市中晟雅豪印务有限公司印刷

◆ 开本：880×1230　1/32

印张：6.75　　　　　　　　　2025 年 4 月第 1 版

字数：150 千字　　　　　　　2025 年 4 月河北第 1 次印刷

定　价：59.80 元

读者服务热线：（010）81055656　印装质量热线：（010）81055316

反盗版热线：（010）81055315

为什么要培养孩子的阅读能力

作为一名从事语文教育 22 年、深耕童书阅读写作 17 年的一线教师，我在平时与家长的沟通中发现家长们总是有很多困惑。

我家孩子不喜欢读书，怎么办？

我家孩子读的书不少，却总是浮于表面，并没有深入理解，怎么办？

我家孩子大量练习阅读理解，却没见成绩提升，这是为什么？

老师布置摘抄的任务，我家孩子总是敷衍了事，怎么办？

我家孩子读了很多书，一到写作文时就抓耳挠腮，写不出来，怎么办？

……

对于孩子在阅读上遇到的各种问题，每一位家长都迫切地想要得到答案，甚至有些家长希望在听我解答这些问题之后，孩子在阅读理解时遇到的问题就能迎刃而解。我十分负责任地说，这些问题并不是能够迅速解决的。开始写这本书之前，我就在思考很多专家一直提倡阅读的意义，即便我们知道了这些意义，也往往无法解决孩子在阅读过程中遇到的实际问题。我希望从解决困惑的角度，为大家找到一条可行性路径，通过可操作的方法与步骤，真正帮助孩子在成绩、能力及阅读素养方面逐步提升。在本书中，我根据自己对《义务教育语文课程标准（2022 年版）》、语文教材的研究，以及 22 年的一线教学实战经验，摸索出了一套行之有效的方法。

我们要时刻保持清醒的认知，通过阅读来学习是学习任何一门学科、研究任何一门学问的主要方式。所以，我们不要忽视对孩子阅读能力的培养。阅读能力是需要学习的，甚至需要刻意练习。很多人以为会识字便会阅读，但这里的阅读只是读字、识字而已，并不是真正的阅读能力。《现代汉语词典》对"能力"的解释是能胜任某项工作或事务的主观条件。既然能力是一种主观条件，我们就能知道阅读能力是非常自我的，其强弱会因人而异。列举一个生活中的例子，朋友聚会时，总会有几个人在厨房忙前忙后、大展厨艺。为何有些人厨艺一流，有些人却只能把饭煮熟呢？除了小部分人具备做饭的天赋，每天做饭的人与一年做饭次数屈指可数的人相比，厨艺自然不同。这背后相差的是时间的累积与刻苦的钻研，阅读能力也是如此。要想让阅读能力有所提升，请先毫无功利心地读起来，保证阅读的数量。

书中分享了我在 20 多年一线教学实战中总结的超级落地的方法。本书分为 6 章：第 1 章和第 2 章讲述了阅读能力需要刻意练习与理性规划，不要错过孩子各项阅读能力培养的关键期；第 3 章和第 4 章分别讲述了像拆房子一样的基础阅读与像挖井一样的深度阅读，这两章的内容可以让读者感受到课内阅读与课外阅读起着互相助力、互为补充的作用；第 5 章重点讲述了如何通过 4 个步骤提升孩子的阅读能力，打造深度阅读的闭环；第 6 章用阅读实例指导如何提升孩子的阅读能力，其中精选了 9 本童书，按照 4 步的流程设计了 9 个实操案例，家长只要按照这些方法带领孩子读起来、用起来，孩子的阅读能力便会得到显著提升。

读者可以把本书看作提升孩子阅读能力的指南，既可以通篇阅读，也可以根据孩子所处的不同学龄阶段按需翻阅。

目录

第3章 像拆房子一样进行基础阅读 045

第1章

阅读能力是需要刻意练习的

很多成年人认为给孩子提供一个阅读环境，让孩子从小多读书、读好书，孩子的阅读能力自然就提高了。只可惜，事实并非如此。多读书是提升孩子阅读能力的前提，但阅读能力不是自然而然形成的，它需要成年人的协助，需要经过刻意练习才能逐步提高。

1.1 ◇ 不是人人都具备阅读能力

很多家长认为，孩子只要识字就会阅读。其实，会识字只说明孩子能够把书读下来，但会识字不等于会阅读。阅读能力是指人们对文本的理解、鉴赏、思辨等多种能力。每个人的阅读能力有强有弱，各不相同。为何会出现这样的差距呢？

（1）对阅读的兴趣造成了阅读能力的差异

对一件事有兴趣与没有兴趣，得到的是截然不同的结果。孩子不喜欢阅读也有可能是因为他对阅读没有兴趣。阅读兴趣是阅读能力养成的起点。家长要想激发孩子的阅读兴趣，关键在于为孩子选择适合的书。家长选对书、选好书，往往能够培养出孩子的阅读兴趣。关于这部分的内容，我会在第 2 章详细讲述。

（2）阅读图书的数量影响了阅读能力的提升

每天做饭的人，其厨艺自然与不经常做饭的人不同；经常运动的人与不爱运动的人相比，体能也会不同。阅读也是如此，没有一定量的积累是达不到质变的。换句话说，要想提升阅读能力，一定要日复一日地坚持阅读，保证阅读的数量。阅读能力是通过一次又一次的阅读行为，加上行之有效的方法获得提升的，提升阅读能力没有捷径可走。当孩子能够把阅读当成日常习惯时，阅读能力的提升便有了先决条件。

（3）对语言文字的解码能力为阅读能力的提升奠定了基础

孩子阅读一篇文章或一本书后，是否能够理解文章或书的核心主旨，取决于他对文字的解码能力，也就是他对文字的理解能力。

阅读理解有两层含义：一是能读懂文字的表面意思，二是能理解文字表达的内在含义。众所周知，汉字的多音、多义现象非常普遍，孩子对汉字的理解是要在特定的语言环境中体会文字传达的意义。例如，在《现代汉语词典》中，"精神"这个词有两个读音——"jīng shén"和"jīng shen"。第一个读音"jīng shén"有两个含义：一是指人的意识、思维活动和一般心理状态，二是宗旨、主要的意义，二者都属于名词。第二个读音"jīng shen"有三个解释：一是名词，指表现出来的活力；二是形容词，表示活跃、有生气；三是形容词，表示英俊，或者相貌、身材好。对于一般的词语，首先考查孩子能不能读正确，然后是他能不能读懂和理解意义。这个词语就很有意思，具有两种读音，与多音字类似，孩子要依据词语的意思确定读音，也就是要判断这个词语在语言环境中的意思，然后才能确定这个词语在语言环境中的读音。例如，"瞧这小家伙，长得多精神"，这句话的意思是夸赞这个小孩子的相貌好，所以要读"jīng shen"这个音。在应试测试中，一道题目中会出示含有"精神"的几个句子，让孩子选出每个句子中的"精神"对应词典中的哪一个意思。例如，"这孩子大大的眼睛，挺精神的"，让孩子们选出正确的答案。

　　无论是实际运用，还是应试测试，一个人阅读能力的最终体现是能够做到精准地为词语解码，即正确理解词语在语境中的意思。当孩子在低年级时，家长要重视其对词语意义的理解，否则一旦到了中高年级，不理解词语的意义便会影响孩子对句子、段落或篇章的理解，更不要谈其他阅读能力的提升。因此，低年级学生要夯实对词语的解码能力。

诸多因素造成了每个人的阅读能力各有千秋，我在此只谈这三个显而易见的关键因素。

1.2 阅读能力的提升是刻意为之的结果

阅读能力不是一朝一夕就能养成的，更不是自然而然形成的。

任何能力的形成都要遵循一个亘古不变的路径，那就是通过刻意练习养成持之以恒的习惯。艺术家需要持久地、有创意地练习，才能创作出优秀的作品；奥运冠军需要大量且持久地练习，才能达到世界巅峰；外科医生需要不计其数地、日复一日地练习与实践，才能够正确处理手术台上的突发状况。阅读能力的提升同样如此。

（1）阅读能力的提升需要养成四大习惯

第一，保持每天阅读的习惯。

保持阅读习惯，应该先从保证阅读时间做起。已经养成阅读习惯的孩子，每天至少阅读 30 分钟以上。没有养成阅读习惯的孩子，可以从每天阅读 15 分钟逐步拉长至 30 分钟。上了小学以后，孩子的时间被各种兴趣班挤占，家长便不知道如何保证他们的阅读时间。从选择的角度来看，这是事件优先级排序的问题。如果我们笃定地认为阅读这件事十分重要，就一定会优先安排阅读时间。有这样几个时间段可供选择，如晚饭前、泡脚时、睡觉前等。时间就像海绵里的水，挤一挤总会有的。一旦养成阅读习惯后，孩子便会随时捧起书阅读，而不用固定时间了。只是前期养成习惯的过程需要家长陪伴孩子日复一日地坚持。

请相信，只要你在做某一件事时的意愿足够强大，事情便会向你期望的方向发展。思想决定行为，行为影响结果。从今天开始，请家长为孩子设定专属的阅读时间吧！

第二，边读边画的习惯。

俗话讲，不动笔墨不读书。孩子阅读时，家长可以让他们拿着一支笔，只要在书中遇到不理解的词语就画个问号，遇到感兴趣的情节与画面就画个感叹号，遇到喜欢的句子就画上一条波浪线。

第三，边读书边思考的习惯。

　　当孩子持续阅读一段时间后，家长可以指导孩子，让他们一边阅读，一边思考。他们既可以猜测故事的发展、结局，也可以猜测人物之间的关系，还可以边读书边联想自己，"如果是我，我会那样做吗？"关于如何提升思考力的内容，请阅读本书第 4 章。

　　第四，读后输出的习惯。

　　在我看来，阅读的终极目的是运用。对成年人来说，我们在读完一本书后要知道，这本书给我们人生方面的启示是什么？这本书中提及的方法在现实生活中可以用得上吗？能用在哪些地方？该如何使用？对孩子们而言，读完一本书是否能引发思考，可以谈谈自己的看法，积累一些有价值的词组、短语，并运用到自己的写作练习中。

　　大量的阅读就是为有能力地输出做准备。阅读就是往"水库"里"蓄水"，如果你想在输出时能够有源源不断的创意，就要保证输入的数量与质量。

　　（2）阅读能力的提升需要有方法地刻意练习

　　任何一种能力的获得都需要长时间地练习，若能加上有方法地刻意练习，提升能力是可以加速的，即高效掌握这种技能。为了提升孩子的阅读能力，家长不能只是单纯地在时间上做叠加，更要在方法上下功夫。本书将带领家长从基础阅读的字词理解、句子与段落的解析，到引导孩子进行深度阅读两方面帮助孩子提升阅读能力。每一种方法都是专业经验的分享，这些方法是有层次的，第 3 章和第 4 章会分别进行详细介绍。

1.3　阅读能力的提升需要有能力的成年人协助

前文讲到了孩子提升阅读能力需要刻意练习，这种刻意练习需要有能力的成年人协助，并不是孩子自己就能掌握的。正如我们进入一个新的领域，要想掌握一种新的技能，都需要得到更专业的人的引领，孩子的阅读能力的提升也需要成年人的帮助和引导。那么，成年人应该做些什么呢?

（1）为孩子打造阅读环境

"为孩子打造阅读环境"的理念是英国儿童文学家艾

登·钱伯斯在他的著作《打造儿童阅读环境》中提出的。他在书中提出阅读需要一个空间。儿童阅读的环境需要老师和家长共同创建，甚至包括社区，如果能做到三位一体是最佳的。无论是家长还是老师，都应该为孩子创设阅读空间，让孩子在家或学校都能够保持"随时伸手可得书"的状态。

家长要想提升孩子的阅读能力，先要让孩子爱上书。爱上书的第一步便是让孩子在充满书的环境中长大，让书成为孩子最好的玩具、最亲密无间的朋友。

（2）正确选择图书

我经常听到很多成年人抱怨："老师，我给孩子买了一堆书，结果书就堆在书架上落灰，孩子也不看！""老师，我家孩子读二年级了，您给推荐一套四大名著吧！"家长之所以会遇到选书的问题，很大程度上是因为家长不能够正确选书。孩子原本对阅读抱有很大的兴趣，却因为家长选的书不适合孩子而导致孩子越来越不喜欢阅读。那么，家长该如何正确选择图书呢？

第一，遵循儿童的认知与发展规律选书。

学龄前儿童的家长可以关注国内知名的童书出版机构，

跟着专业的出版机构选择适合孩子年龄的图书，这样是有质量保证的。

学龄儿童的家长则可以参考语文教材里每个学段入选的文章类型。例如，一年级语文教材里会选入一些儿歌、童谣，以及与儿童生活密切相关的小文章，家长可以根据这些信息为孩子选择图书。

关于四大名著，有些家长是有误解的，在语文教材五年级的名著学习单元，单元开篇的阅读要素提出的阅读要求是了解阅读名著的方法。我们在看语文教材时一定要留意措辞，措辞是"了解方法"，而不是掌握阅读名著的方法。在 1 ～ 5 年级期间，老师开始让孩子读四大名著，家长也不知道孩子在这个学段到底要读什么版本的名著，如何读名著。于是，我们看到家长四处打听哪个版本的四大名著更好。这么多年，我也在不厌其烦地回答这个问题。低年级的孩子要想读四大名著，连环画出版社出版的一套《西游记》连环画就比较适合。从内容上看，低年级的孩子并不适合阅读四大名著的其他三部著作。

家长选书时还存在一个共性的问题，那就是关于语文教材语文园地中"快乐读书吧"推荐的书，家长一到寒暑假就使出浑身解数找书、带着孩子读书，甚至协助孩子制作阅读手抄报。语文教材是将"快乐读书吧"这个栏目作为这个单元主题阅读推荐的补充，向孩子和家长推荐这些书，让孩子初步了解这些书的内容。无论是老师还是家长，都应该认真推敲教材中的措辞。语文教材是集结了教育专家、心理学专家和文字学家一起研讨确定的，所以家长和老师一定要认真研读。

很多家长担心测试时会考四大名著里的知识，会考"快乐读书吧"中推荐的书的内容。在此，我给大家分享一个方法，在测试之前，孩子可以把"快乐读书吧"这个栏目里介绍的每本书的内容、书中人物的特质按类别整理出来，找出关键信息并背下来，这样就可以高效解决应试的问题。

第二，多种类为孩子选书，避免孩子产生阅读偏好。

在孩子阅读的过程中，家长应尽量避免让孩子产生阅读偏好。阅读确实会受到性别的影响，如男孩子喜欢读科普、历史类图书，女孩子喜欢读幻想故事类图书。家长可以通过有技巧地选书，让孩子不再只"钟情"于某一种类型的图书。

如何让喜欢科普类图书的男孩子能够喜欢上故事类、文学类图书呢？例如，一个男孩子对海洋的内容很感兴趣，凡是与大海、船只有关的科普书，他都喜欢。家长可以寻找关于海洋的故事类书籍，如《海底两万里》《白鲸》等。在儿童阅读领域，这样的结合被称为"虚构类"与"非虚构类"图书的相互补充。对于喜欢火车的男孩子，家长可以为他们选择绘本《蒸汽火车，梦幻火车》、儿童文学小说《火车火车去哪里？》等，这些都是非常有意思的文学作品。女孩子如果只喜欢故事类图书，家长就可以从故事中聚焦她感兴趣的领域，然后帮助孩子延伸、拓展到科普类图书。例如，女孩子读了《白雪公主和七个小矮人》这本书，家长就可以找一找有没有关于小矮人的科普类图书。再如高年级的女孩子读了《西顿动物记》，家长就可以找一些关于动物百科的书让她们阅读。有些孩子不爱读历史类图书，那么家长可以从绘本版、漫画版图书入手，让孩子逐渐对历史产生兴趣。

　　其实，即使家长在为孩子选书这件事上没有十足的经验，只要在各大购书平台搜索，浏览一下图书的内容，从出版社、图书的装帧质量和图书获奖信息等方面进行考量，也能选到适合孩子阅读的图书。

（3）有意识地与孩子讨论图书

选好书只是开启了阅读的第一步，那么，如何用好一本书，让图书发挥最大价值呢？即使家长不能引导孩子做有深度的阅读，也可以和孩子针对一本书讨论一些话题。例如，这本书讲了谁的什么故事？你最喜欢或不喜欢这本书中的哪个人物？书中有没有让你印象深刻的情节或人物？有没有你最喜欢的句子，读给我听一听？你认为这是一本写什么的书？这几个问题适用于虚构类（富有情节的故事类）图书，家长们可以借鉴。

孩子阅读能力的养成绝非一朝一夕的事，在这个过程中，成年人需要一步一步地协助、带领孩子进行有方法、有目的的刻意练习。随着时间的累积，孩子的阅读能力会逐步提升。

我们都听过这样一句话，种一棵树，最好的时间是 10 年前，其次就是现在。从现在开始，先给孩子播种下阅读的种子吧！

第 2 章

阅读能力养成是需要规划落实的

培养孩子的阅读能力，不能只强调课外阅读素养的重要性，而忽略了语文课程对孩子的要求，更不能站在应试教育的对立面推广阅读。九年义务教育中的语文教育与课外阅读素养的培养可以相互补充。只要有目的、有规划，课外阅读就一定能成为语文课堂强有力的补充。让课外阅读既能满足应试测试的需求，又能满足未来社会对孩子阅读素养的需求，岂不是一举两得。

　　为了达到上述目的，成年人既要了解课外阅读的各种理论与策略，又要了解九年义务教育语文统编教材的编排特点，以及《义务教育语文课程标准（2022年版)》(以下简称《标准》）的相关要求。

　　我一直在用《标准》指导教学实践。《标准》中在培养学生核心素养时，提出了文化自信、语言运用、思维能力、审美创造四个方面的具体面向，这四个方面是一个整体。《标准》总目标第 5 ～ 8 条表述了与阅读相关的内容。本章以《标准》为依据，谈一谈老师和家长如何结合语文课程的标准，为提升孩子的阅读能力进行阶段性规划。

2.1 ✧ 以《义务教育语文课程标准（2022 年版)》为依据，做好阶段性规划

《标准》从"识字与写字""阅读与鉴赏""表达与交流""梳理与探究"四个方面提出了不同学段的要求。我们借用"阅读与鉴赏"这个条目，结合《标准》中发展型学习任务群的"实用性阅读与交流""文学阅读与创意表达"，了解一下孩子课内与课外阅读如何分阶段地进行时间、内容的规划及如何落实。

2.1.1　第一学段（1 ～ 2 年级）对"阅读与鉴赏"的要求

1. 喜欢阅读，感受阅读的乐趣。学习用普通话正确、流利、有感情地朗读课文。学习默读。

2. 结合上下文和生活实际了解课文中词句的意思，在阅

读中积累词语。认识课文中出现的常用标点符号，在阅读中体会句号、问号、感叹号所表达的不同语气。借助读物中的图画阅读。

3. 阅读浅近的童话、寓言、故事，向往美好的情境，关心自然和生命，对感兴趣的人物和事件有自己的感受和想法，并乐于与他人交流。诵读儿歌、儿童诗和浅近的古诗，展开想象，获得初步的情感体验，感受语言的优美。

4. 尝试阅读整本书，用自己喜欢的方式向他人介绍读过的书。养成爱护图书的习惯。

5. 积累自己喜欢的成语和格言警句。背诵优秀诗文 50 篇（段）。课外阅读总量不少于 5 万字。

2.1.2 针对第一学段（1 ～ 2 年级）"阅读与鉴赏"要求，阅读内容的规划与实施建议

阅读内容的规划如下。

（1）绘本与桥梁书是最优选择

按上述要求，我们不难看出在第一学段，要求孩子从阅

读浅近的童话、寓言、故事，诵读儿歌、儿童诗、古诗到尝试阅读整本书。也就是说，低年级学生要从亲子共读过渡到自主阅读。家长可以着重为孩子选择一些情节生动的故事类图书，绘本依然是最佳选择。为了实现自主阅读，家长还可以让孩子开始阅读桥梁书。

（2）阅读适合学段的古诗、儿童诗及儿歌

这个阶段的学生阅读总量不应少于 5 万字，古诗、儿童诗都可以作为背诵材料。适合第一学段学生阅读的还包括有关学校生活和中华优秀传统文化的短文，能够表现童真童趣、多姿多彩生活和自然之美的短小诗文。

很多时候，家长反映孩子不喜欢阅读，不喜欢写东西，归根结底都在于成年人选的书过于晦涩和拔高，孩子根本不爱读、不能理解。《标准》明确了不同年龄段孩子更具备的阅读能力，家长切莫忽略孩子的年龄特点，任意而为。

实施建议如下。

（1）通过提问，让孩子感受阅读的乐趣，对阅读产生兴趣

针对第一学段的孩子如何学习阅读与鉴赏的问题，《标准》既给了要求，也给了方法。对低年级孩子阅读的要求是喜欢阅读，对阅读产生兴趣，感受阅读带来的乐趣。

对阅读产生兴趣与感受阅读带来的乐趣并不是一个概念。对阅读产生兴趣是指对阅读这个行为产生兴趣，时不时地坐在一处阅读一本书，这是一种自发的意愿，是主观的，不是被动的、被要求的。感受阅读带来的乐趣则是指当阅读一本书时，孩子能从故事情节中感受到图书带来的趣味。例如，孩子在阅读绘本《天啊！错啦！》时，能够从兔子把红色的内裤当帽子戴这个画面中获得乐趣。引导孩子阅读的成年人可以在孩子阅读后与孩子讨论一番：你觉得这本书哪里最有趣？哪个人物最可爱？你喜欢或不喜欢谁？用这些简单的引导式提问让孩子发现阅读是充满乐趣的，而不是乏味无趣的。

（2）大声朗读，随时监控

在这个阶段，家长要注意培养孩子用普通话正确、流利、有感情地朗读课文。到二年级结业时，孩子要能够流利朗读符合相应难度的文本。

那么，家长如何在平时培养孩子用普通话正确、流利、有感情地阅读呢？那便是让孩子大声朗读。家长可以让孩子一边指着文字，一边朗读，进行视觉与文字对照的训练。家长要在一旁听一听孩子有没有出现卡顿的地方，如果出现卡顿，那么孩子断句（句子节奏的划分）就是有错误的。孩子出现此类错误有两种可能：一是遇到了不认识的字，二是遇到了生词，孩子不知道哪几个字可以连在一起组成词语。例如，孩子将"小刚迫不及待地冲出家门"这句话读成了小刚迫不及－待地冲出家门，这时家长就要留心了。等孩子读完后，家长要从字音上带他读正确，从词意上跟孩子聊一聊"迫不及待"这个词语是什么意思。对于如何了解生词的意思，《标准》中给出了方法，"结合上下文和生活实际了解课文中词句的意思"。对于"迫不及待"这个词，如果孩子读的整篇文本里上下文写出了他很着急的样子，就可以运用"联系上下文"的方法理解这个词语的意思。如果在文中找不到小刚着急的样子，家长就可以运用生活中的场景给孩子讲一讲"迫不及待"的样子。那么，家长怎么教孩子划分句子的节奏呢？家长可以运用提问的方式，"小刚怎么样地冲出家门？"孩子在朗读时便会把"迫不及待"稍加重音，或者加快语速，更有节奏、有感情地读出这个句子。

这个阶段要求孩子在课文中认识常用标点，在课外阅读中体会句号、问号、感叹号的不同语气。平日在阅读课外书时，家长可以指定一个段落，让孩子练习朗读文章，只要把标点表达的语气朗读出来即可。

（3）利用画面的传达性助力孩子对语言文字的理解

《标准》提出借助读物中的图画阅读。这也是培养低年级学生理解力的方法，孩子在遇到不理解的语言文字时，可以借助画面传达的意思来读懂文字表达的意义。这也是建议家长在孩子学龄前、低年级时为他们多选择绘本的原因。

经典绘本中的画面由优秀绘画作者描绘，有着极其强烈的传达性，这是绘本的特质之一。例如，绘本《我不要亲亲！》中有一个词语——"头晕目眩"，我给孩子讲这个词语时，即使拿着词典读其中的解释，孩子也未必能理解这个词语的意思。绘本的画面是小兔子正在一场龙卷风中转啊转，如图 2-1 所示。这时语言文字便抵不过书中生动形象的画面，看着小兔子这样转下来，头一定很晕吧。不仅头晕，而且眼更花。借助图画，孩子们一下就理解了什么是"头晕目眩"。

图 2-1　《我不要亲亲！》中用画面解释词语[①]

（4）读万卷书，更要行万里路

《标准》中提出关心自然和生命，对感兴趣的人物和事件有自己的感受和想法，并乐于与他人交流。尝试阅读整本书，用自己喜欢的方式向他人介绍读过的书，养成爱护图书的习惯。

从这两条中，我们不难看出，《标准》不仅倡导孩子阅读，

---

① 图片摘自河北教育出版社出版的图书《我不要亲亲！》。

爱护图书，更提倡孩子走出课堂，走出家门，到大自然中去学习。那么，家长该如何引导孩子呢？

第一，在旅行中把感兴趣的动植物、路上的见闻画下来、拍下来。

每次郊游，家长可以为孩子准备一个速写本，引导孩子把感兴趣的内容画在速写本上。如果孩子不太想画画，就拍照记录。回到家，家长协助孩子把拍下来的照片打印出来贴在速写本上，让孩子在照片的旁边写下自己想说的话，或者对照片进行解释说明。制作完成后，孩子可以把速写本拿到学校，与同学们分享自己的收获。

家长可以带孩子阅读绘本《去郊游：我们的自然探索之旅》，这本书讲述了三个小朋友去户外探索，在探索的过程中遇到问题、解决问题并互相帮助的故事。这本书中有一个小朋友就用速写本把一路上自己好奇的事情都记录了下来。家长和孩子可以参考这本书中提到的方法使用速写本。

第二，自行制作郊游周边小文创。

在郊游的过程中，家长可以引导孩子多观察大自然，或捡一些自己感兴趣的叶子、石头等带回家，鼓励孩子用它进行发明创造。哪怕只是在一块石头上涂鸦，把一片叶子压膜做成书签，每一次创造都将成为孩子的成就事件，一次一次这样小的成就事件就是正向反馈的叠加、累积。我在旅行的路上，就会将一些有趣的小东西带回家。例如，我从三亚分界洲岛带回了很多冲上海滩的珊瑚，其中有一块约 15 厘米长，我看到这块珊瑚上有很多小洞，便把它当香插了。每当有朋友到家里做客，他们总会对这个香插产生兴趣，我就不免要介绍一番。这就是旅行带回来的创意，可以随时与他人分享。家长可以有意识地培养孩子的这项能力。

第三，为孩子打造阅读空间，定制专属藏书章。

要想让孩子养成爱护图书的习惯，家中务必有一个专属于孩子的阅读空间，哪怕是飘窗或父母书房的一角。阅读空间一旦固定下来，孩子便拥有了空间归属感。家长还可以为孩子定制专属于自己的藏书章，在自己的每一本书上都印上个人的藏书章。千万不要小看这种形式，我就为自己定制了藏书章，每买回一本新书，我都会在书上盖上我的藏书章。把书当作礼物送给朋友时，我也会盖上自己的藏书章，并写上赠言。拿到礼物的朋友一翻书，就能感受到你对书的爱是不一样的。

第四，用不同形式分享图书。

最常见的就是用口头形式与他人分享，和他人交流最近看过的书。家长可以帮助孩子把他们想分享的内容录下来，如果愿意分享到社交媒体，就可以发布在社交媒体上。孩子每读完一本书还可以制作 PPT 或手抄报，把自己想分享的内容画下来。

分享的形式多种多样，关键是引导孩子分享什么。第一学段的孩子只要大胆地讲出这本书讲了什么、自己最感兴趣什么地方就可以了。家长或老师不要给孩子设置过高的要求，以免适得其反。

（5）注重在生活与阅读中的积累

《标准》提出要让孩子在阅读中积累成语和格言警句。孩子在阅读语文课文和课外书时可以把一些成语和格言警句画下来、背下来。第一学段的孩子可以多积累自己不理解的词和特殊结构的词，特殊结构的词以语文教材的课后习题及语文园地为参考，看看出现了哪种结构的词语、短语，在生活中与阅读时注意积累同样结构的词语、短语。

2.1.3　第二学段（3～4年级）对"阅读与鉴赏"的要求

1. 用普通话正确、流利、有感情地朗读课文。初步学会默读，做到不出声，不指读。学习略读，粗知文章大意。

2. 能联系上下文，理解词句的意思，体会课文中关键词句表达情意的作用。能借助字典、词典和生活积累，理解生词的意义。在理解语句的过程中，体会句号与逗号的不同用法，了解冒号、引号的一般用法。

3. 能初步把握文章的主要内容，体会文章表达的思想感情。学习圈点、批注等阅读方法。能对课文中不理解的地方提出疑问，乐于与他人讨论交流。

4. 能复述叙事性作品的大意，初步感受作品中生动的形象和优美的语言，关心作品中人物的命运和喜怒哀乐，与他人交流自己的阅读感受。诵读优秀诗文，注意在诵读过程中体验情感，展开想象，领悟诗文大意。

5. 阅读整本书，初步理解主要内容，主动和同学分享自己的阅读感受。

6. 积累课文中的优美词语、精彩句段，以及在课外阅读和生活中获得的语言材料。背诵优秀诗文 50 篇（段）。养成读书看报的习惯，收藏图书资料，乐于与同学交流。课外阅读总量不少于 40 万字。

2.1.4　针对第二学段（3 ～ 4 年级）"阅读与鉴赏"要求，阅读内容的规划与实施建议

阅读内容的规划如下。

从《标准》中可以看出，第二学段的孩子要阅读叙事性作品、优秀诗文和报纸。在这个学段，童话和寓言是被编排在语文教材中的，童话、寓言符合叙事性作品的要求。所以，三四年级的孩子在课外阅读时要加入童话与寓言。三年级学生可以从桥梁书逐步过渡到纯文字的儿童文学读物。在阅读内容方面，《标准》在发展型学习任务群的"实用性阅读与交流""文学阅读与创意表达"中明确指出要更多地阅读有关家庭生活、学校生活、社会生活的短文，阅读说明性短文，描写大自然的短文，革命英雄、劳动模范、科学家的故事，以及中华传统美德的故事，并保证在此学段课外阅读总量不少于 40 万字。这些阅读要求都是我们在这个学段为孩子选书的

参考标准。

实施建议如下。

（1）开始练习默读，学习略读

在第一学段正确、流利、有感情朗读的基础上，《标准》要求第二学段学生开始进行默读练习。在默读的过程中，老师不能像第一学段中为了做到视觉与文字相对应而让孩子指着文字读书了，这个学段的学生要做到读书时不再发出声音。在这个学段，学生还要学会略读，简略地浏览整篇文章的内容，大致了解文章讲了什么，不需要细致、具体地讲出文章内容。那么，练习抓取主要内容的能力就非常重要了，千万不要忽视这个练习。3.3 节会讲到如何抓取段落的主要内容，只要掌握好段落的主要内容，理解篇章内容便会轻松很多。

（2）学会抓住关键词句

在第一学段联系上下文理解词句的基础上，本学段增加了要在阅读中学会抓住关键词句，体会这些词句表达的情感和意义。在应试测试的阅读理解考查部分，我们经常会看到这样的题目：请你说一说，这句话为什么这样写？这样写的好处是什么？这个词语可以删掉吗？为什么？这些问题都是在考查词句的表达效果。因此，在这个学段，家长可以多引导孩子练习抓取关键词，说一说读到这个词语时的感受。家长可以向孩子提问：用这个词有什么好处？如果换成某个词，好吗？在平时阅读文章时，可以选取某一个段落让孩子练习找到段落的关键句，让孩子说一说为什么这句是该段落的关键句，要不厌其烦地进行这样的练习。如果在这个学段忽略了这项能力的培养，上升到第三学段，孩子在体会含义深刻的语句、品悟人物特质和文章主题时，理解起来就会非常吃力。

语文教材的考查点是紧密围绕《标准》提出的要求而呈螺旋式增多的，一项阅读能力没有掌握扎实，势必影响下一项阅读能力的培养。

（3）养成查阅工具书的习惯

我的学员来自全国各地，当我让孩子们准备《现代汉语词典》时，很多高年级的孩子居然说家里没有词典，在学校和家里都不查词典，这让我感到很震惊。我们在阅读《标准》时，这个学段的第二条就是要运用工具书理解生词的意义。

虽然我们处在互联网时代，但学会使用工具书是学生的一项基本能力，因此我的每个学生的书桌上都有字典、词典。在我教授课程时，理解一本书、一篇文章的预习工作，便是要利用工具书查出不理解的生词的意思。我就是这样一步一个脚印地带领孩子们做《标准》中要求的这件事。

在此，我倡导每一个处在这个学段的学生家中务必准备工具书，并时常运用它。在 3.1 节，我会讲到如何运用工具书理解生词的意思。

（4）重视归纳与概括能力的培养

从这个学段开始，孩子就要开始练习概括一篇文章的主要内容了。概括能力的强弱，关键在于孩子是否会分类与归纳。例如，概括一篇记事文章，这篇文章是按照事情的发展铺陈情节的，孩子要能先区分哪些自然段是事情的起因、经过和结果，并对相关内容进行归纳。只有这样才能按照老师教的技巧、方法概括文章的主要内容。

如果老师或家长发现，孩子概括主要内容的能力很弱，就请先自查一下是不是他归纳自然段的段意这项能力还没有过关。本书 3.3 节会细致讲解如何归纳段意与主要内容。

（5）养成边阅读边批注的习惯

在这个学段的阶段性测试中，我们总能看到一种题型，就是"请为划线的句子做批注"，通过批注考查孩子对文章句段、人物、事情的感受。从第一学段要求孩子对感兴趣的人、事、物有自己的想法，到第二学段通过对语言文字的理解提升感受力，我们可以看出《标准》对学生的要求是呈螺旋式上升的。

阅读时，如果遇到优美的文字就可以用笔画下来，思考一下句子的意思，让孩子养成"不动笔墨不读书"的习惯。

（6）边读诗文，边想象画面

对优秀诗文的学习，《标准》要求第二学段的学生能够透过想象画面理解意思，老师或家长要注意的是学习古诗并不像学习小古文要逐字翻译出意思，而是读完诗句后能够运用想象描述出诗句的意思，让孩子说一说，根据朗读的诗句看到了什么样的画面。孩子既可以写出来，也可以画出来，对想象的画面进行可视化呈现。在这个阶段，老师或家长要遵循儿童的发展规律，只要达到《标准》的要求即可，切莫提高对孩子的要求。

（7）养成乐于分享表达的习惯

《标准》对各个学段都提出要让孩子学会分享自己的感受，只是随着年龄的增长、阅读篇幅的加大，逐步提高了要求。第二学段的孩子应在阅读叙事性作品和整本书后，谈一谈自己的阅读感受。至于如何做阅读分享，孩子可参考第一学段的方法，尝试通过写读后感的方式分享自己的阅读感受。

2.1.5　第三学段（5～6 年级）对"阅读与鉴赏"的要求

1. 熟练地用普通话正确、流利、有感情地朗读课文。默读有一定的速度，默读一般读物每分钟不少于 300 字。学习浏览，扩大知识面，根据需要搜集信息。

2. 能联系上下文和自己的积累，推想课文中有关词句的意思，辨别词语的感情色彩，体会其表达效果。在理解课文的过程中体会顿号与逗号、分号与句号的不同用法。

3. 在阅读中了解文章的表达顺序，体会作者的思想感情，初步领悟文章的基本表达方法。在交流和讨论中，敢于提出看法，作出自己的判断。

4. 阅读叙事性作品，了解事件梗概，能简单描述印象最深的场景、人物、细节，说出自己的喜爱、憎恶、崇敬、向往、同情等感受；阅读诗歌，大体把握诗意，想象诗歌描述的情境，体会作品的情感。受到优秀作品的感染和激励，向往和追求美好的理想。

5. 阅读说明性文章，能抓住要点，了解文章的基本说明方法。阅读简单的非连续性文本，能从图文等组合材料中找出有价值的信息。尝试使用多种媒介阅读。

6. 阅读整本书，把握文本的主要内容，积极向同学推荐并说明理由。

7. 背诵优秀诗文 60 篇（段），注意通过语调、韵律、节奏等体味作品的内容和情感。扩展阅读面，课外阅读总量不少于 100 万字。

2.1.6 针对第三学段（5～6 年级）"阅读与鉴赏"要求，阅读内容的规划与实施建议

阅读内容的规划如下。

在第三学段，除了叙事性作品和说明性文章，非连续性

文本也进入考查范围。很多非专业的成年人不理解"非连续性文本"是什么，我们常见的公园游览图、火车票、楼层图，以及一些给材料的文章都是非连续性文本。《标准》之所以提出这种要求，并不是想难为孩子，而是为了让语文学习为生活服务，突出人文性与工具性的统一。

在这个学段，孩子不仅要阅读文学类图书、科技说明文、科学家小传等文本，阅读革命领袖、革命先烈的故事，阅读有关少年成长的故事、小说、传记等，还要从作品的人物经历中受到感染和激励，追求美好，树立理想。这个学段要为孩子提供的阅读材料更加广泛且具有一定的深度。保证课外阅读总量不少于 100 万字。至于如何做到有深度地阅读，本书第 4 章和第 5 章会做详细介绍。

实施建议如下。

（1）平时多练习浏览与搜集信息

本学段对孩子的默读速度有了一定的要求，要求孩子在阅读文章时能够根据文章的题目提出问题，找到解决问题的相关信息。学生也可以在平时做阅读理解练习时，先快速阅读测试题目，根据题目迅速定位到答题所需要的相关语句和段落。在一般测试时不推荐这种方法，这种方法用于平时的练习是可以的。

外出时也是练习浏览与收集信息的好时机。在餐厅点菜，我们可以快速浏览菜单，找到自己想吃的菜品，这是比较初级的练习。在参观博物馆时，面对铺天盖地的信息，我们可以进行快速筛选，看看能否在博物馆资料页或楼层示意图中找到自己最感兴趣的信息。

（2）练习推想，辨别词语的感情色彩

这个学段在词语理解方面对孩子提出了更高的要求。孩子在阅读时如果遇到自己不理解的词语，可以利用上下文和自己的积累推想出词语的意思，并辨别词语的感情色彩，即这个词语是褒义、贬义还是中性的。家长在阅读和日常生活中如果遇到一些生词，可以多与孩子聊一聊，多加引导，帮助孩子推想出词语的意思和感情色彩。总之，生活中处处可以进行语文练习。

（3）有意识地关注篇章

在前两个学段，《标准》重点在于让孩子在字词句段上下

功夫，进入这个学段便要开始关注整篇文章了。我经常和学员们提到，这个学段就要具备"宇宙观"了，我们可以把句段看成地球，把篇章看成整个宇宙。我们就要从一颗蓝色地球放眼到浩瀚宇宙，从原来的理解句段的写法、体会意义，逐步提升到关注通篇文章的写作方法、表达顺序，以及文章表达的情感。这个学段的孩子既要看细枝末节，又要放眼整片森林。

（4）体会诗歌表达的情感

这个学段对孩子的要求从想象诗歌的情景，上升到了体会诗歌表达的情感。无论是读古诗还是现代诗，我们都要思考作者写这首诗想要表达什么，探究作者创作背后的意义。老师或家长要鼓励孩子抓住关键字词、关键诗句，从表面意思向深层意思进行思考。很多家长会问，如何走向深度思考呢？方法很简单，那就是多问一个"为什么"，思考作者为什么要用这个词，而不是停留在只了解字面意思。如果遇到运用了修辞手法的句子，我们就要思考作者为什么要使用这种修辞手法。

在这三个学段中，每个学段对孩子都有不同的要求，总体要求是呈螺旋式上升的。前一个学段的能力是养成下一个学段的能力的基础，老师或家长要帮助孩子夯实《标准》提出的每一个学段的要求。据我平日的观察，老师和家长都在为提升孩子的成绩而忙碌，却忽略了对他们能力的培养。作为协助孩子提升能力的成年人，只有先了解清楚《标准》的要求，才能在孩子学习语文的道路上帮他们扫清障碍。我们要做到心中有标准，行动有规划，将耗时、费力、低效的语文学习变为省时、高效的学习。

2.2 以《义务教育语文课程标准（2022 年版）》为依据，做好阅读层次规划

在孩子阅读的规划上，我们要做到既兼顾《标准》的要求，符合应试教育的考核标准，又要在阅读素养、阅读能力的养成上下大功夫。在 20 多年的教学工作中，我把阅读能力的提升分为基础阅读能力提升与深度阅读能力提升。这里讲的并不是深度阅读与浅阅读的关系，而是孩子要进行深度阅读必须具备基础阅读能力。

2.2.1　以《标准》为依据，夯实基础阅读能力

我根据《标准》和自己 20 多年的语文教学经验梳理了三项基础阅读能力。

第一，运用多种方法理解词语的意思。

孩子具备理解词义、读懂语句意思的能力，是进行阅读理解的基础。

有一次，两位妈妈分别带着自己的孩子找我做学业诊断咨询。这两个孩子，一个男生、一个女生，他们是同班同学，所以拿来的试卷是一样的。两个孩子在同一篇阅读理解中答错了同样的题目。那是一篇体会妈妈养育孩子、操持家务辛苦的文章。最后一道题目中摘录了文中的一段话，让学生写出："妈妈是一个什么样的人？你从中体会到了什么？"中高年级语文测试中会非常频繁地出现这种体会人物品质与特质的题目。这种题目的答题思路非常简单，学生要从文字中找到人物的动作、语言、心理、神态等进行体会。

我看到失分点后，先让孩子读一遍题干的每句话，看有没有他们不理解的词语。这道题目中有这样一句话："母亲两鬓日渐斑白。"当孩子读完这句话时，我便问了两个孩子同样

的问题："孩子，两鬓是什么意思？"有个孩子居然指着眉毛，认为两鬓是眉毛。总之，两个孩子都没有准确地说出两鬓是哪里。由此可见，孩子不理解两鬓是什么意思，也就弄不清母亲两鬓斑白的原因是她日夜为家里操劳，体会不到母亲任劳任怨的辛苦付出。列举此例，只是为了向大家说明，阅读理解要建立在读顺畅、读懂字面意思的基础上，只有这样才能尝试理解语言文字的深层含义。

第二，运用多种方法读懂语句的意思。

《标准》指出理解语句的表情达意，体会语句的优美。只有孩子正确理解了词语的意思，才能读懂语句的意思，挖掘文字背后作者想表达的深意，感受语句的优美。

以文章《阿里山的云雾》为例，某次测试出了这样一道题目："安安读完短文后，向同桌推荐阿里山：'阿里山的云雾千姿百态、变幻莫测。'你觉得她把阿里山云雾的特点概括得准确吗？结合文中相关描写说说理由。"孩子们在回答这道题时犯难了，因为很多孩子并没有弄懂题目中"千姿百态、变幻莫测"的意思。学生要想正确回答这道题，就要先理解这两个词语的意思。千姿百态的意思是形容姿态多种多样、各不相同。变幻莫测是指事物变化多端，难以揣测。安安对同桌说的那句话的意思是阿里山云雾的姿态多种多样，云雾变化多端，难以揣测，不知道何时云雾又会变了。这仅仅是弄懂了题目的意思。如果孩子有充足的词语储备，读到这两个词语就能立刻明白它们的意思，这一步就是可以跳过的。

接下来，我们要看文章中是否写出了云雾"千姿百态、变幻莫测"的特点。我们要引导孩子抓住语句段里的关键词句，来体会这两个特点。我们在文章的第 2 自然段会读到："大概由于刚下过雨，阿里山的千山万壑，全都笼罩在朦朦胧胧的云雾中。有些地方浓雾把一切都遮蔽了，无所谓天，无所谓树，也无所谓高山和深谷；有些地方则显得影影绰绰的，有如笼着轻纱一般；有些地方云雾停留在山谷下面，汇成一片茫茫的海洋，黛绿的山峰有如浮在海面的蓬莱仙岛；有些地方云雾又只飘浮在上面，挡住山峰的上部，令你产生翠峦直插云霄的错觉。这时的云雾是静止的，碧绿的千山万壑和朦胧的山间云雾构成了一幅精妙的山水画。"这段话出现了 4 处"有些地方"，我们便能感受到云雾的形态多种多样。

在文章的第 3 自然段，有："尔后，山里慢慢起风了。山风劲吹的时候，只见云雾在山间翻滚、奔涌、升腾、追逐。原来温文沉静的云雾，这时竟成了诡秘的魔术师了。它令原来图画似的景致变化万千，万山苍翠时隐时现、时深时浅、时远时近；忽而滚滚的云雾来了，从匿藏的山谷汹涌而来，淹没了眼前的一切；忽而它又拂袖而去了，只见袖带飘忽，瞬间似乎一切都没有发生过，但一切又确乎已然发生，只给人留下莫名的惊愕与喜悦。"

"山风劲吹的时候，只见云雾在山间翻滚、奔涌、升腾、追逐""忽而……忽而……"这些关键句、关键词可以让人感受到云雾的变化莫测。用此题举例的目的就是让读者能够感受到探究语句表情达意的背后，要理解词语、读懂语句，知道每一句话在写什么。

第三，段意的理解、归纳是篇章阅读的起点。

《标准》对第二学段、第三学段都提出了要求，就是要把握文章的主要内容，阅读整本书，以及把握全书的主要内容。阅读叙事性作品，能复述叙事性作品的大意，了解事件梗概。这些文字表述都与篇章的主要内容有关，学生要掌握的关键能力是读懂段落、归纳段落意思的能力。只有弄懂段落的意思，才能串联出篇章的意思。

家长经常向我反馈，孩子概括主要内容的能力太弱了。为此，我给家长提出的建议是让孩子回归文字，一段一段地阅读，每阅读一段就要说出这一段的意思。过去在课堂上，老师会一段一段地带着孩子归纳段落的意思，现在老师已经没有那么多的时间做这件事了。但我发现孩子的基础越来越弱，于是我回归到了最原始、最耗时的方法，用一两篇文章锻炼孩子归纳段落意思的能力。

老师或家长在平时要格外重视培养孩子这 3 项基础阅读能力，夯实阅读基础。第 3 章将分享理解词语意思、读懂语句意思、概括段落的各种实用方法。

2.2.2　以《标准》为依据，养成深度阅读能力

在课程内容组织与呈现形式方面，关于发展型学习任务群"文学阅读与创意表达"，《标准》指出：引导学生在语文实践活动中，通过整体感知、联想想象，感受文学语言和形象的独特魅力，获得个性化的审美体验；了解文学作品的基本特点，欣赏和评价语言文字作品，提高审美品位；观察、感受自然与社会，表达自己独特的体验与思考，尝试创作文学作品。

上述要求被我总结为要培养学生的深度阅读能力。这需

要成年人有目的、有方法地引领孩子对文本进行深入思考。这种思考是通过阅读画面与文字去思考，从不同的维度达到《标准》提出的上述要求。在我的教学生涯中，我总结了六大能力来完成发展型学习任务群的要求。这六大能力分别为夯实理解力、养成思辨力、打造生命力、培养感受力、激发创造力、提升逻辑力。老师或家长可以利用可操作的方法帮助孩子通过阅读每一篇文章、每一本书逐步培养深度阅读能力。第 4 章将详细讲述这方面的内容。

第 3 章

像拆房子一样进行基础阅读

在教学中，我经常会把阅读理解比作拆房子，把写作比作建房子。要想真正读懂文章和图书，我们就要进行一个动作——拆解。很多小朋友搭完积木，还会把它拆成一块一块的。阅读和理解文章的过程就像拆文章，把一整篇文章拆成段落、语句、词语，一层一层地研读、理解。本章便与大家分享拆文章的一些实用方法。

3.1 ✧ 读懂字词是理解文本的基础

在我看来，研究任何一门学问之前都需要找到它真正的核心。正如汽车修理工检查汽车状态时，一定会先查看汽车的发动机，因为发动机是汽车的核心。经过 20 多年的教学实践，我认为阅读理解的核心在于对字词的理解。下面，我分享几个常用的理解字词的方法。

3.1.1　利用工具书理解词语的意思

《标准》对第二学段（3 ～ 4 年级）学生的要求是能借助字典、词典和生活积累，理解生词的意义。小学低年级的语文老师会教学生查字典、词典，但我在与学生的接触中发现，家中备有字典、词典的孩子少之又少。因此，我要求每个学员都备有字典、词典。那么，如何运用字典、词典理解词语的意思呢？

　　本书不讲解查阅字典、词典的方法，因为很多家长的困惑在于选择字义或词义。这也是小学中、低年级每学期语文测试必考的一项题目。

　　无论是选择字义还是词义，我们都可以使用一个共通的方法——代入法，即把几个意思分别代入词语或语句中。在我的读书会课程中，我们按照不同的年级向孩子推荐不同的图书。我们做的第一步就是让孩子一边读书，一边在不理解的字词旁边画上问号，然后查阅字典或词典。在左左读书会六年级的课程中，我们要一起阅读《鱼骨之歌》这本书，下面我用这本书中的例子讲解如何理解词语的意思。

（一）如何选择字典里的释义

　　《鱼骨之歌》主要讲述了一个名叫鱼骨的男人收养了一个小男孩的故事。鱼骨与小男孩共同生活在山林里，鱼骨教小男孩打猎，与小男孩分享自己的人生经历。书中一共写了六支歌，在"第一支歌——故事的开始"中，鱼骨说："那会儿柳树皮相当滑溜，可以割下拇指大小的一截儿，做成高音哨子吹着玩儿……"需要孩子到《新华字典》中查"截"的意思。

　　《新华字典》中"截"这个字有以下三个意思。

① 割断，弄断：～开这根木料｜～长补短。[截然] 副词，分明地，显然地：～不同。

② 量词，段：上半～儿｜一～儿木头｜一～路。

③ 阻拦：～住他。[截止] 到期停止：～报名｜到月底～

根据这三个释义，我们不难看出案例那句话中"一截儿"的"截"是第二个释义：量词，段。我们就把第二个释义的意思代入整个语句中，这句话的意思就是割下拇指大小的一段儿柳树皮做成高音哨子吹着玩儿。

汉字中一字多义的现象很常见，在难以区分意思的情况下，我们就需要把字典中的意思一个个地代入语句中进行选择，我将之称为"代入法"。

（二）如何选择词典里的释义

（1）单一词义

《鱼骨之歌》的"第一支歌——故事的开始"中有这样一句话："然后他就会抬起头凝望天空里的一朵云，哪怕是万里无云的时候，同时嘴角挂着一丝微笑，回忆那些大大小小的只有他了解、只有他记得的往事。"这句话中的"凝望"在

《现代汉语词典（第 7 版）》中仅有一个解释，就是作为动词，表示目不转睛地看，注目远望。我们可以称为单一词义，不用做过多选择，那么这句话的意思是他会抬起头，目不转睛地看着天空中的一朵云。在这种情况下，直接代入意思就可以了。

（2）一词多义

书中"第四支歌——打猎就像探索世界"开篇写道："有时候，打猎不像是纯粹的打猎，而像是深入探索一个世界，一个你熟知的世界，就好像是你身上穿的衣服，是你身体的一部分，比如那树林、草地、河流与池塘里的水，还有灌木丛，都是你的衣裳，你的皮肤，甚至你自己。"这句话中"纯粹"到底是什么意思呢？

翻阅《现代汉语词典（第 7 版）》查到"纯粹"这个词后，我们看到了两个解释。

① 形容词，不掺杂别的成分的：陶器是用比较～的黏土制成的。

② 副词，表示判断、结论的不容置疑（多跟"是"连用）：他说的～是骗人的鬼话 | 这种想法～是为目前打算。

孩子在选择词义时，不能脱离语言文字，要把这两个解释代入"打猎不像是纯粹的打猎"中。把"不掺杂别的成分的"代入后，则是"不掺杂别的成分的打猎"。纯粹的打猎就是"去打猎就是打猎"，不夹杂任何别的成分，而整个句子前边又加上了一个否定词，不像纯粹的打猎，鱼骨的打猎并不纯粹，更像是进入了探索的世界。主要为了说明后面的语句内容，把打猎看成了一个探索世界的通道。这时有些能力强的孩子就已经能确认第一个解释符合这个语境。有些孩子可能要把第二个解释再代入句子中，即"判断、结论的不容置疑的打猎"，一代入便觉得句子读起来不通顺。由此可知，"纯粹的打猎"中"纯粹"的意思就是词典中的第一个解释。

（3）查不到的四字词语

书中"第六支歌——你永远是我的一支歌"写"我"观察蜘蛛："我就这样思绪万千地坐在那里，观赏着，看着蜘蛛一圈圈地忙碌，整整看了大半个上午。""思绪万千"这个词语在词典中是查不到的，这时孩子要学会把词语拆开，将"思绪万千"拆成"思绪"和"万千"两个词语。

在词典中，"思绪"的意思有两个：一个意思是名词性，思想的头绪，思路；另一个意思是情绪。"万千"在词典中也有两个意思，一个意思是形容数量很多，另一个意思是形容事物所表现的方面很多（多指抽象的）。这就有难度了，两个词分别有两个解释，孩子一定要结合语句"思绪万千地坐在那里"进行选择。通过"万千"，我们至少能够肯定它是多的意思，那么到底是思想的头绪多，还是情绪多呢？老师或家长可以引导孩子联系上文，"我"在观察蜘蛛时脑海中闪现各种各样的想法，不难看出这里的"思绪"就是指思想的头绪，想法多。那么，"万千"到底选用哪个意思呢？第二个意思中括号里指出是抽象的，不是具象的，也就是看不见的。思想、想法是抽象的，所以应该是第二个解释。把两个意思加在一起，就是脑海中不断冒出很多想法地坐在那里看着蜘蛛结网。

3.1.2　联系上下文，理解词语的意思

考试时是不允许孩子带字典、词典进入考场的。在阅读理解短文的测试中，经常会出现这样的题目要求：请联系上下文，解释词语的意思。这句话既是题目的要求，也是答题

的方法——联系上下文。也就是学生不用查词典，只要认真读一读这个词语所在段落的前后文字，就可以知道如何解释这个词语了。例如，上文中写"我"观察蜘蛛："我就这样思绪万千地坐在那里，观赏着，看着蜘蛛一圈圈地忙碌，整整看了大半个上午。"即使不用翻阅工具书查"思绪万千"这个词语，孩子联系这句话的上下文也能得出解释。

上一个段落是这样描述的："我坐在那儿，就那样一边观察着蜘蛛，一边琢磨，这蜘蛛会不会为自己的杰作倍感自豪呢，那么完美的作品，挂在两棵树枝之间，而且蜘蛛会不会也像我一样，认为挂在蛛网上的露珠像珠宝一样美丽呢？一个念头突然在我的脑海中闪现，世间万物，只要创造出那样完美漂亮的作品，它的创造就一定是有意识的，它们一定知道这一切有多么可爱，多么赏心悦目，不然的话，它们为什么要创造这种美呢？假如你并不爱这件事物，你怎么可能把它做得那样精致？美一定源自爱，一定源自有意识的设计。"

从"琢磨"这个词可以看出"我"是在思考的，通过"一个念头"这个词又可以看出"我"的脑海中萌发了想法，连续的追问则代表了想法如泉涌般浮现在脑海中。"我就这样思绪万千地坐在那里，观赏着，看着蜘蛛一圈圈地忙碌，整整看了大半个上午。"这句话的后面紧跟着"其实，我本可以离开不再看，但我还是留了下来，留在那里思考这一切创造对蜘蛛究竟有什么好处，有什么意义，结果之后……"从这句"留在那里思考"又可以看出"我"在思考。所以联系上下文，"思绪万千"就可以被解释为想法很多。

我这样讲解，孩子也许会觉得理解词语的意思很容易，可一旦到了考场，有些孩子就很难把心思放在阅读上，根本不认真阅读文字。因此，要想让孩子完全掌握类似题目的解题技巧，老师或家长就要帮助孩子养成静心读文、踏实读书的习惯，否则任何方法都无法提高孩子的阅读理解能力。

3.1.3　运用绘本画面的传达性理解词语的意思

理解词语的意思还有一种非常直观、简单易行的方法，那就是大量地给孩子读绘本。学龄前要多读，上学后更要读，绘本是适合 0 ～ 99 岁人群的读物。在左左读书会的课程里，我会选择一些经典绘本让任一年龄段的孩子阅读。

绘本的图画是优秀的童书画家经过长时间的构思创作出来的，绘本的画面具有强烈的传达性，每一本经典的绘本都可以当作艺术品来欣赏。

《我不要亲亲！》中有一个词语——头晕目眩。如果我们给孩子讲这个词语，即使拿着词典给孩子解释，恐怕也没有书中的画面形容得如此生动。小兔子在一场龙卷风中转啊转，如此转下来，头一定很晕。不仅头晕，而且眼花，这就是头晕目眩。翻到头晕目眩这页时，家长可以通过提问"哇，你看小兔子怎么了？"，引导孩子认识到小兔子在龙卷风里转来转去。当孩子发现以后，家长可以继续追问："小兔子这么转，会怎么样呢？"孩子可能会说出"头好晕，眼好花啊。"如果孩子答不出来，家长也不用着急，可以让孩子在原地转一转，问问他们有什么感觉，至少会出现头晕的感觉，这样就可以让孩子结合画面传达的意思和实际感受理解这个词语。

这本书使用的叠词十分丰富，如湿答答、轻飘飘、黏兮兮、甜腻腻、闹哄哄、臭乎乎等。这些词语的使用如线穿珍珠一般，一个接一个地出现在文字中，同时画面也在生动地解释这些词语，如图 3-1 所示。孩子一看到亲亲的感觉是痒痒的、轻飘飘的，像羽毛一样轻轻地飘在空中，他们便能理解"轻飘飘"这个词语。即使他们不理解"黏兮兮"这个词语，只要他们看到蜂蜜传达的意义，再结合生活中吃过蜂蜜的场景，便可以一下子体会到黏兮兮的感觉。孩子吃糖果时，家长总会说"糖果好甜啊"，很少说"这颗糖甜腻腻的"，但是这样的词语会出现在优质的儿童读物中。

黏兮兮……

像蜂蜜……

甜腻腻……

像糖果……

图 3-1 《我不要亲亲！》中对叠词的诠释

　　阅读这本书时，家长便可以引导孩子积累这些 ABB 结构的词语，借助阅读积累词语正是《标准》对第一学段学生的要求。

　　很多经典绘本的画面都是具有传达性的，老师或家长要多多利用这些画面帮助孩子理解词语的意思，同时在脑海中建立词语的画面感。

3.1.4　根据字形理解词语的意思

在汉字中，很多字的意思都与部首有关，老师或家长可以教孩子尝试根据字的部首猜出字义、词义。例如，弟弟打破了爷爷心爱的花瓶，心里有些忐忑不安。"忐忑"这两个字，一颗心一会儿上、一会儿下，说明心里在打鼓，再看前面的语句是打破了爷爷心爱的花瓶。结合起来推断，忐忑就是心里七上八下的样子，形容人很紧张，心慌。

目前义务教育测试中经常会考查利用形声字特点辨析字义，如下面两道题。

（1）【猜字义】下面与"鬃"的意思有关的一项是（　　）

　　A. 毛　　　　B. 宗教　　　　C. 房屋　　　　D. 头部

（2）下面与"貘"字的意思最接近的一项是（　　）

　　A. 摸　　　B. 模　　　C. 摹　　　D. 豺

这两道题都是根据形声字形旁表义、声旁表音的音义特点来考查的。如果考查意思，则与字的形旁，也就是部首有关。第一题的部首是鬃上面部分"髟（biāo）"，本意指长发披垂的样子，多与毛发有关，故选 A。第二题是与貘（mò）左边的部首"豸（zhì）"有关，"豸"本指长脊兽，如猫、虎之类，引申为无脚的虫，体多长，如蚯蚓之类。四个选项中只有豺的部首与它一样，所以选 D。

　　平时阅读中一旦遇到不理解的词语，或测试中出现理解词语意思的题型，孩子都可以运用根据字形推断意思的方法。

3.2　读好语句是理解文本的密钥

　　正确理解词语，是为读懂语句做准备。尤其在第一学段（1 ～ 2 年级），让孩子读通顺每句话，读明白一句话讲了什么，是语文学习最重要的一环。

　　读好语句既是有逻辑的，也是有理解层次的。

3.2.1　读懂每句话的意思是理解文本的基础

　　老师或家长要让孩子在读完一句话后知道这句话在写什么，不能只是读了字，而不知道语句的意思。

　　低年级的孩子如何练习读懂语句呢？统编语文教材里已

经做了示范。例如，二年级下册《语文园地一》字词句运
用部分，根据不同的提问，读下面的语句："种子睡在松软
的泥土里。"老师或家长可以提问："什么睡在松软的泥土
里？""种子睡在哪里？""种子睡在什么样的泥土里？"下面，
我们利用表 3-1 看一看这样提问的作用是什么。

表 3-1　提问的作用

提出的问题	答案	作用
什么睡在松软的泥土里	种子	弄清主语（人物）这句话在讲谁
种子睡在哪里	泥土里	了解地点
种子睡在什么样的泥土里	松软的泥土里	了解事物的特点

这样的提问方式可以引导孩子了解语句的主要成分，帮
助孩子读懂语句。

再举个例子，二年级下册《神州谣》课后习题：读句
子，注意加点词。"黄河奔，长江涌，长城长，珠峰耸。"这
语句旁出现了一个引导孩子思考的小泡泡"'耸'让我感受到
了……"这句话对"黄河、长江、长城、珠峰"的特点进行
了着重标记，其实就是引导学生通过朗读语句，感受它们的
特点。虽然是三字歌谣，但其在语法上也是有逻辑的，运用

三个字的结构写出了"什么事物 / 地方，什么样 / 怎么样"，即什么事物有什么样的特点。从词性上看，就是名词＋形容词 / 动词。语言文字是很有意思的，只要掌握了逻辑，学习起来就不难。这个逻辑就是语言的规律，老师要掌握好规律，用学生能听懂的问句教会他们。

低年级学生阅读的文章以小短句为主，中、高年级学生阅读的文章多是长句，老师或家长应该怎样训练孩子掌握语句的逻辑，读懂长句呢？我们依然用《鱼骨之歌》中观察蜘蛛的这句话举例，"我就这样思绪万千地坐在那里，观赏着，看着蜘蛛一圈圈地忙碌，整整看了大半个上午。"要想知道孩子是否读懂了这句话，可以让高年级学生进行缩句，能够提炼出"谁干什么了"即可。这句话就在讲"我坐着看蜘蛛忙碌，看了半个上午"。再简洁一些就是"我坐着看蜘蛛忙碌"。

无论孩子处在哪个学段，老师或家长都要关注孩子是否读懂了一句话的意思。尤其在测试中，对于孩子做错的题目，老师或家长千万不要以为是孩子马虎。在我看来，做错题目根本没有所谓的马虎这种解释，学生一定是在某个知识点上存在漏洞。这时，老师就要回归到题目及相关文字本身，帮助孩子读懂语句，这样才能使孩子真正理解文本。

3.2.2　读出语句之间的关系是理解文本的关键

文章由段落构成，段落又是由一个个语句连接而成的。要想读懂段落，就必须读懂句与句之间存在什么样的关系。作者写完一句话就要接下一句，写完一个段落就要接下一个段落，它们之间是存在逻辑关系的。我们经常听到有人说"语言是思维的外壳"，这句话就在表达，无论是书面语言，还是口头语言，它们表达出来的内容都是思维的外显。那么，如何读懂句与句的关系呢？

统编语文教材三年级上册《金色的草地》的第 3 自然段："①有一天，我起得很早去钓鱼，发现草地并不是金色的，而是绿色的。②中午回家的时候，我看见草地是金色的。③傍晚的时候，草地又变绿了。④这是为什么呢？⑤我来到草地上，仔细观察，发现蒲公英的花瓣是合拢的。⑥原来，蒲公英的花就像我们的手掌可以张开、合上。⑦花朵张开时，花瓣是金色的，草地也是金色的；花朵合拢时，金色的花瓣被包住了，草地就变成绿色了。"这个段落描述了"我"发现草地的颜色变化及变化的原因。在这个段落中，句与句呈现了不同的关系。第一句至第三句是按照早中晚的时间顺序写出了"我"的发现，这里呈现了时间逻辑。第四句开始自问自答，运用了因果逻辑，只是结果前置。第五句至第七句写出了发生这种现象的原因。老师或家长在给孩子讲"因果关系"时，一定要弄清楚"因"与"果"哪个在前，哪个在后。测试中常常出现带有"为什么"字眼的题目，其实就是在考查孩子能否明白句与句的关系。

测试时，孩子会遇到一些排列语句顺序的题目。这样的题目也是在考查孩子是否理解了句与句的关系。如果题目中没有明显的时间词，找不出明显的逻辑关系，孩子就需要抓取每句话里的关键词，判断哪几个关键词的连接最紧密，那么这两句话相衔接的可能性就最大。如下面一道选择题。

将下面的句子插入语段中，最恰当的位置是（　　）。

走近细看，红橘的皮上还有一个个小窝窝呢。

①橘子成熟了，绿叶丛中露出了一盏盏红色的小灯笼。②它们有的两个一排，有的三个一束，有的四五抱成团……③剥掉皮，就是新鲜的、金黄色的瓤儿。④掰一瓣放入嘴里，轻轻一咬，满嘴都是甜甜的汁，使人感到舒畅极了。

A.①②之间　　B.②③之间　　C.③④之间　　D.④之后

对学生进行考查测试的题型越来越灵活了，过去考查排序的方式是在语句前挖空，把排好的序号填入括号内，如今则以选择的形式出现，这就给学生解题设置了更多的障碍。面对这样的题目，通常情况下，我会让孩子先忽略选项，而是踏踏实实、认认真真地读语句，边读边画出每句话的关键词。

为了表述更加清晰，我们用列表的方式（见表3-2）逐句分析关键词，让孩子在原句中圈画即可。

表 3-2　圈出关键词并分析理解

语句	关键词	读懂了……
给出的语段	红橘皮上有小窝窝	在描写橘皮的样子
第一句	绿叶丛中露出小灯笼	开始结果实了
第二句	"它们""两个一排，三个一束，四五抱成团"	"它们"指的是"小灯笼"，"两个一排，三个一束，四五抱成团"写出了小灯笼（橘子果实）的姿态
第三句	剥皮、瓣	剥皮见果肉
第四句	掰、放、咬	吃橘子的动作

经过仔细圈画，我们不难看出，第三句开始讲剥皮了，给出的语段是在描写橘皮，那么按照常识来讲，拿到一个橘子，要先看到橘子、摸到橘皮，然后才是剥开皮，见到果肉。

因此，给出的语段应放在第二句与第三句之间，故选 B。

孩子在做这样的题目时，很容易被选项影响，而忽略了回归到文本中认真读文字，像表格中梳理的那样读懂每句话的意思。按照圈画关键词的方法答题，就可以帮助孩子真正读懂文章，保证答题的正确率。

读出语句之间的关系是理解文本的关键，而这一关键是建立在读懂语句上的。孩子在阅读时，边读边画出关键词，有助于他梳理语句之间的关系。

3.2.3　读懂语句的深层含义是理解文本的目标

读语句是讲究顺序的，只有从读懂字面意思到读懂语句之间的关系，再到理解语句的深层含义，才能达到理解文本的真正目的。

那么，如何读懂语句的深层含义呢？在教学中，我经常运用一种思维模型引导学生分析语句的深层含义，我把它称为"灵魂三问"。这个思维模型的灵感源于我看到过的金字塔思维模型，运用"WHAT、HOW、WHY"进行深度思考，如表 3-3 所示。

表 3-3　引导学生分析语句含义的思维模型

灵魂三问		思考面向
WHAT	这个句子写了什么	内容（字面意思）
HOW	这个句子怎么写的	写法（修辞等）
WHY	作者为什么这样写	作者的意图（深层意义） 表达的情感、主题等

在四年级读书会上，我们共读了《弗朗西斯森林奇遇记》这本书。书中有这样一句话："红榕树下，松脆的落叶铺了厚厚的一地，像是一张大自然编织而成的毯子。"我便让孩子们体会这句话。在体会的过程中，我引导他们运用了"灵魂三问"模型，如表 3-4 所示。

表 3-4　思维模型示例

WHAT （写出了什么）	把落叶的数量之多比作地面铺了一张毯子，生动形象地写出了红榕树下的落叶铺得很多，铺得很厚
HOW （怎样写的，写作方法）	运用了比喻的修辞手法
WHY （为什么这样写）	让读者感受到森林的美丽景象，以及弗朗西斯十分喜爱森林的情感

接下来，根据这三问三答组织语言。在这句话中，作者

运用了比喻的修辞手法，把落叶的数量之多比作地面铺了一张毯子，生动形象地写出了红榕树下的落叶很多、很厚，让读者能够感受到森林的美丽景象，体会到弗朗西斯喜欢森林的原因。通过这三个问题，孩子就有了理解这个比喻句的深层含义的思路。

孩子在任何体会语句的题目中都可以运用"灵魂三问"思维模型。在统编语文教材六年级上册《语文园地一》词句段运用中"读一读，体会下面句子的特点，说说这样写的好处"，便可以用这三个问题体会各种写作方法、修辞手法的好处。

除了研究句子的写法，体会含义深刻的句子也是提升孩子阅读能力的要点。孩子理解含义深刻的句子时，可以运用联系上下文的方法，结合由表及里的"去皮理论"与"生活实际"进行思考。"去皮理论"的意思就是，我们吃带皮的水果如榴莲时，果皮是一种样子，果肉又是另一种样子，我们要剥开水果的皮才能看见果肉的状态，品尝果肉的味道。在高年级的应试阅读理解测试中，学生要在读懂字面意思的基础上深入思考文字隐藏的意义。

在六年级读书会课程中，我选择了《传奇之城》这本书，书中有这样一句话："有时候，人会变得懦弱，懦弱到无法奔赴一场约定。"我便让孩子们体会这句话的含义是什么，抓住"懦弱""奔赴""约定"三个关键词并理解它们的字面意思。"懦弱"是指软弱，不坚强；"奔赴"是指奔向（一定目的地）；"约定"是指经过商量而确定，一般指和某人许下诺言在一定的时间实现。把这几个词的意思直接代入句子中进行理解，就是：有时候人会变得软弱，软弱到无法奔向与他人一起许下的诺言。

那么，要想再进行深入理解，就要多问"为什么"，思考人为什么会懦弱。这句话的上文这样写道："四周的空气变得凝重。男孩的心在颤抖，在犹豫。他仿佛站在一道深渊的边缘，稍有不慎，就会万劫不复。""也许现在退缩还来得及？也许他应该回到城门，选择离开？""名字丢了就丢了吧！方向错了就错了吧！传奇之王一定能理解，有时候，人会变得懦弱，懦弱到无法奔赴一场约定。"联系上下文，便能看出男孩当时下定决心要进入这座城，寻找丢失的一切。此刻看着眼前出现的迷宫一样的城市，他感受到了不一样的氛围。这些让他打起了退堂鼓，他犹豫了，纠结了。所以，联系上下文，不难看出他为何懦弱，他在害怕，他害怕未卜的前路。

深思之后，我们可以引导孩子结合生活实际思考这句话的意思。例如，和同学约好去游乐园闯鬼屋，但到约定的那天早上，自己因为害怕、担心可能会经历的恐怖事件而胆战心惊，就没有去赴这场约定。这就是探究了懦弱的背后隐藏着"害怕、担心"的情绪，是这些情绪在作怪。深刻体会这句话到这里并不是结束了，老师可以再让孩子说一说，如果在生活中遇到了懦弱的情况该怎么办。这个话题就很有意思了！有些孩子会说："我就懦弱了，不愿意就是不愿意，没办法假装胆大。"有些孩子会说："或许我可以鼓起勇气，勇敢地尝试一次。也许是一次锻炼自己的机会呢。"听着孩子们的发言，我发现他们真的不一般，既可以选择接纳自己的懦弱，也可以选择尝试迈出一步。

老师或家长在引导孩子阅读时，就是要让孩子进入思考的不同层次，多维度、多角度地看问题。

3.3 读好段落是理解文本的核心

在理解语句的基础上，老师或家长就要引导孩子上升到段落的阅读。只要段落读得好，理解篇章就差不了。段落的核心无非两个方面，一个方面是概括段落大意，另一个方面就像要弄清句与句的关系一样，弄清段落与段落的关系。

3.3.1　借助关键句，理解段落的意思

概括段落意思最常用的方法就是找出关键句，即整个段落是围绕哪一句话写的。在教学过程中，我用"锅盖理论"引导学生概括段落的意思。"锅盖理论"的意见就是，我们在蒸螃蟹时，要把螃蟹一只只地放到锅中，并防止螃蟹从锅里爬出来，关键句就像盖住这一只只螃蟹的锅盖，段落中除了关键句（概括句），每一句话就像一只只小螃蟹，概括句要能够涵盖每句话表达的意思。因此，要想读懂这段话的意思，找出概括句是关键。

例如，统编语文教材三年级上册《富饶的西沙群岛》第5自然段："①西沙群岛也是鸟的天下。②岛上有一片片茂密的树林，树林里栖息着各种海鸟。遍地都是鸟蛋。③树下堆积着一层厚厚的鸟粪，这是非常宝贵的肥料。"这段文字旁边还有一个提示小泡泡"我发现这段话是围绕一句话来写的"。这

个泡泡就是在引导孩子发现概括句。在孩子一句一句读完整段话之后，让他们先说一说每句话讲了什么，然后就会发现第一句话就是这段的关键句，只有第一句话能够当"大锅盖"把第二三句的意思都概括上。

统编语文教材三年级下册《花钟》的第2自然段："①不同的植物为什么开花的时间不同呢？②有的植物开花的时间，与温度、湿度、光照有着密切的关系。③比如，昙花的花瓣又大又娇嫩，白天阳光强，气温高，空气干燥，要是在白天开花，就有被灼伤的危险。④深夜气温过低，开花也不适宜。长期以来，它适应了晚上九点左右的温度和湿度，到了那时，便悄悄绽开淡雅的花蕾，向人们展示美丽的笑脸。⑤还有的花，需要昆虫传播花粉，才能结出种子，它们开花的时间往往跟昆虫活动的时间相吻合。"读过之后，我们可以看出第一句话是问句，第二句话是在回答，紧接着第三四句话便举例说明植物开花的时间与温度、湿度、光照有密切的关系。第五句话是在讲有些花的开花时间与昆虫活动有关。看似可以用第二句话概括这段话的意思，但这句话只是说明了植物开花的时间与温度、湿度、光照有密切的关系。因此，我们要对这段文字进行概括、提炼，也就是"不同的植物开花的时间，与温度、湿度、光照或昆虫活动有着密切的关系"。

在段落中，如果能够找到一句话进行概括，就用这句话概括；如果不能找到，就要尝试自己组织语言进行概括，前提是要建立在认真读懂每句话的意思的基础上。

有时候，一段话的开头就表达了这段话的主要意思，后面的文字是围绕开头写的。这样的关键句也可能在段尾或在段落中间。例如，统编语文教材三年级下册《赵州桥》第 3 自然段："这座桥不但坚固，而且美观。桥面两侧有石栏，栏板上雕刻着精美的图案：有的刻着两条相互缠绕的龙，嘴里吐出美丽的水花；有的刻着两条飞龙，前爪相互抵着，各自回首遥望；还有的刻着双龙戏珠。所有的龙似乎都在游动，真像活了一样。"在这段话中，我们很容易读出后面的句子都是围绕着美观写的，段首的句子是"这座桥不但坚固，而且美观"。本段并没有写出桥如何坚固，而是在上一段描写了桥的坚固，这样起着承上启下作用的语句，我们称为"过渡句"。三年级应试测试中比较喜欢考查过渡句。这个段落的意思就是围绕这句话逗号后面的意思写的：赵州桥很美观。当然，我们也可以调整一下这句话的位置。把上一段和这一段合并组成一个段落，那么这句话自然会出现在段落中间，而修改后的完整段的段意就包含了"赵州桥不但坚固，而且美观"。也就是说，如果过渡句在段落的中间，那么这个段落的意思就是过渡句本身。如果过渡句在段首，我们就要格外留意，段落的意思不是整句的意思，而是后半句的意思。

大家不难发现，我列举的都是三年级的例子，由此可以看出归纳概括段落的意思是三年级的考查重点。所以，老师或家长要帮助孩子掌握好各学段对应的能力，否则将会影响后续的学习。

3.3.2　抓住关键词，读懂段落之间的关系

孩子是否理解整篇文章的主要内容，取决于他是否读懂了段落之间的关系。发现段落之间的关系是有方法可循的，孩子可以通过抓住一些关键词来厘清段落之间的联系。

作者在谋篇布局时，有时是按照时间顺序记叙的，像《观潮》就是按照潮来前、潮来时和潮过后写的；有时是按照空间顺序记叙的，尤其是一些游记类文章，如《记金华的双龙洞》就是按照游览顺序写的。一般来说，叙事的文章多是按照事情发展的顺序写的。在阅读时，老师或家长要引导孩

子发现哪几个段落写的是开始时（起因）发生的事，哪几个段落写的是中间（经过）发生的事，哪几个段落写的是最后（结果）发生的事。这样带领孩子把起因、经过、结果的关键词都抓取出来后，再进行归纳，整篇文章的主要内容就总结出来了。

段落之间还有其他一些逻辑关系，如因果关系。老师或家长要引导孩子读懂哪个段落是在写原因，哪个段落是在写结果。

在四年级读书会课程中，我推荐孩子们阅读《敦煌奇幻旅行记：驯神兽的女孩》。在课堂上，聚焦"败家子的理想"这一章时，我会问孩子们一个问题："为什么说恒迦达是败家子？"这个问题并不难，只要孩子读懂了段落的因果关系，就能够找到答案。书中有一个段落只有一句话："我有点不高兴：'您怎么能说恒迦达是败家子呢？'"只要孩子能读懂这句话，就会发现这句话呈现的是一个结果，即"恒迦达是败家子"。在下面的段落就可以找到，因为恒迦达的父亲是王舍城辅相大人，家中只有他这一个孩子（独生子），他从小就想当和尚。由于家人不同意，他就到处闯祸，威胁父母，他的父母替他道歉、赔钱。即使他这样折腾，他的父母仍然不同意他出家，所以大家都叫他"王舍城的第一败家子"。

无论是读文章，还是读整本书，如果遇到了这种存在因果关系的段落，孩子就可以利用便利贴或记号笔在文字旁标注出来：哪部分是原因，哪部分是结果。读懂段落之间的关系，有助于孩子读懂整篇文章的主要内容。

孩子对字词、语句、段落的理解程度将影响他深度阅读的质量，以及他能否进行深入地、有思考地阅读。因此，老师或家长一定要重视对孩子基础阅读能力的培养。

第 4 章

像挖井一样进行深度阅读

如果我们把基础阅读比作拆房子，那么深度阅读就如凿井一般要掘地三尺。我们为何要带领孩子进行深度阅读，用什么方法培养孩子进行深度阅读呢？正如在挖井前，我们要思考为什么要挖井，用什么方法、向哪里挖才能挖出水源。本章将针对上述问题进行探讨。

4.1 ✧ 深度阅读培养六大能力

深度阅读是指有目的、有方法、有思辨地阅读，是真正提升孩子阅读能力的阅读。深度阅读可以培养孩子的多种能力，本章主要结合整本书的阅读与大家分享以下六大能力，如图 4-1 所示。

图 4-1　深度阅读培养六大能力

4.1.1　夯实理解力

第 3 章分享了如何帮助孩子正确理解字词、语句和段落，这是理解文章的根基。那么，阅读为什么能夯实理解力呢？

（1）阅读可以夯实对词语的理解

在教学中，我会让孩子在阅读时把不理解的词语先标记出来，画上问号，然后根据第 3 章讲到的方法运用工具书查出陌生字词的意思。我会带着学生把这个词语的意思代入原句，体会这个词语在原句中的意思。例如，《追踪讲故事的帽子》接近结尾的部分有一句话："他们又回忆起那次惊心动魄的冒险。"孩子通过查字典了解到"惊心动魄"的意思是形容使人感受很深，震动很大。我们把这个意思代入这句话中，即："他们又回忆起那次让他们感受很深、震动很大的冒险。"

每一本书中总会有孩子不理解的几个词语，老师或家长带领他们逐个理解词语的意思，就是在做可理解性输入。老师或家长不仅要查出词语的意思，还要让孩子把这个词运用在合适的语境中写一句话。只有在可理解性输入的基础上，才会有可理解性输出。这样就避免了孩子在写作文时用词不准确，出现病句。

　　除了查词典，我们还可以使用联系上下文和借助图画来理解词语的意思。在二年级读书会课程中，我带领孩子阅读科普书《动物请回答：你怎么出生的？》。书中在描写蜻蜓交配时写道："它们会头尾相连，形成一个爱心的形状。"孩子通过文字无法想象出头尾相连的意思，这一页便配上了蜻蜓交配时的插画，插画画得形象生动，让孩子一下就看到了蜻蜓交配的场景。这就是在阅读中建构孩子的理解力，让他们读到文字时，在脑海中建立对这个词语的画面感，有助于他们更好地理解文字。绘本在这方面不可或缺。因此，请让孩子多读优质绘本。

　　只要孩子的脑海中时常想起我分享的方法，带着目的、有方法地阅读，持之以恒地坚持，孩子对词语的积累会越来越多，理解会越来越深刻，遇到的词语障碍也会越来越少，阅读就会越来越顺畅。理解力的提升没有捷径，就是一篇一篇地读，一本一本地读，一个难词接着一个难词地清除。

（2）阅读可以提升对人物的理解

　　《标准》第二学段具体目标中提到：关心作品中人物的命

运和喜怒哀乐；第三学段具体目标中提到：能简单描述印象最深的场景、人物、细节，说出自己的喜爱、憎恶、崇敬、向往、同情等感受。这两个目标都提出了对人物的理解，只是要求呈螺旋式上升而已。在六年级读书会课程中，我们一起读《传奇之城》时，书中提到了一对双胞胎在跷跷板上争得不可开交，而进入传奇之城探索的小男孩看见他们如此争执时，是这样做的（书中写道）："在他看来，解决这个问题的方法再简单不过。他果断地向前一步，根本不问双胞胎的意见，一下就用手掌稳住了跷跷板。跷跷板静止于平衡状态。"并配上了小男孩的话语，"请你们每天时不时地停一下。不用太久，每天几个小时，休息一会儿……"针对这部分内容，我提出了以下两个问题。

① 两个争吵的双胞胎象征着什么？

② 小男孩是怎么制止他们的争吵的，你从中感受到了什么？

这两个问题都是围绕着对人物的理解提出的。读书的孩子从两个争吵的双胞胎身上读出了纠结，读出了冲突。有些孩子甚至读出了自己内在的冲突，他们仿佛觉得自己脑海中有两个小人也在打架（不同的想法冒出）。男孩的做法是止住跷跷板，双胞胎就停止了争吵。我们结合对男孩语言的品读，抓住"停一下""休息"这两个关键词，了解到字面的意思是让起落不停的跷跷板停下来，背后深层的意义则是我们需要让自己忙碌的身心都停下来休息一会儿，不要总是马不停蹄地奔跑。

很多成年人在读这本书时，会在书中找到自己的影子。在阅读中，读者看到角色所处的环境、发生的行为，可以产生共鸣，并联想到自己，这就是阅读理解能力的又一个层次。我们经常说"阅读，见众生，见自己"，即是如此。

（3）阅读可以深化对主题和情感的理解

《标准》指出要体会作者的情感，也就是作者通过语言文字到底向读者传达了什么？我们在阅读文本时要能够通过对文字的品读领会作者最想传达的思想和情感。这个过程如同凿水井一般，每一次向下深挖，期待的都是发现水源获得惊喜的那一刻。例如，《飓风》这本书讲的是一家人如何应对飓风。飓风过后，屋外倒下了一棵老榆树，兄弟俩就在这棵老榆树上玩起了探险游戏。有一天早上，伐木工人拿着锯把这棵老榆树截成了一段一段的，兄弟两人很难过。我带着五年级的孩子品读这本书时，提出了以下两个问题。

① 伐木工截断的仅仅是一棵倒下的树吗？

② 你认为这个故事是在写飓风吗？

对于第一个问题，经过品读文字，孩子们知道对于兄弟俩来说，这棵倒下的树是他们幻想的乐园，是他们的探险之地，是他们梦想的起点。这么说的依据是书中有这样一句话："那棵树是一处很私密的地方，大到能容下他们各自秘密的梦想，小到能让他们共同去探险。"由此可以看出，伐木工人截断的不仅是一棵树，他截断的还是孩子们的乐园、探险之地及梦想。我提出这个问题，就是在引导孩子们深入体会人物对这棵树是有情感寄托的，而不是简简单单的、纯物理属性的一棵树，人与树已经产生了情感。第二个问题是对故事主题的探讨，看似这本书以"飓风"为题，但其实更多的笔墨在于着重描写飓风过后，兄弟俩和这棵倒下的老榆树之间发生的事情，树倒下是飓风造成的结果。飓风、树都是自然，由此不难看出这本书写的是人与自然的关系。当然，有的孩子也会看到兄弟俩与家人在一起的和谐氛围，他们也会想到作者在写亲情。

这里我们要谈到课外阅读理解与应试阅读理解最大的

不同。课外阅读理解不追求所谓的标准答案，所以才会有
"一千个读者就有一千个哈姆雷特"之说，只要读者能从书中
联系生活实际，找到支撑自己观点的依据即可。应试阅读理
解则要让每个孩子写出标准答案，追求统一性。当然，现在
测试题目的标准答案已有所放宽，但学生依然要遵循出题人
设置的答题方向，按照答分点回答。这也是很多孩子看书挺
多，但阅读理解分数却十分糟糕的原因之一。

4.1.2　养成思辨力

养成思辨力的最佳途径之一便是阅读，我认为没有思辨
的阅读不是真正的阅读。"思辨"一词在《现代汉语词典》中
的解释：①哲学上指运用逻辑推导而进行纯理论、纯概念的
思考；②思考辨析。在引领孩子阅读时，我们主要是通过语
言文字引导孩子思考辨析，引导孩子进行哲学性思考。

依然以《飓风》这本书为例。在课堂上集体共读时，我
提出了一个问题：飓风带来的到底是什么？孩子们能够从故
事中读出飓风一方面破坏了环境，另一方面给孩子们带来了
梦想与快乐。这个问题的提出，一方面引导孩子们在看待事

情时尽量不要二元对立，应从不同的角度思考问题；另一方面引导他们在思考问题时不要绝对化，因为任何事情的发生都是相对的，飓风到底带来了什么，这个问题就是相对性的。

在二年级读书会上，我们一起读《飞过四季的鸟儿》这本科普图书。这本书介绍了一棵苹果树的四季，每周都有不同的鸟儿飞到苹果树上栖息。书中提到："亲密无间的黄喉蜂虎夫妇忙来忙去，捕捉蜂类喂养自己的宝宝。"此时，我为了引导学生思考，便抛出了一个有趣的问题：到底谁对谁有好处？这个问题就是让孩子们运用逻辑推理，理解"食物链"的概念。在孩子们充分发言后，我总结道："大自然是很有趣的，苹果花对蜂类有帮助，而蜂又成了鸟的盘中餐。这就是大自然中的食物链。"接下来，我会让孩子们到书中找一找其他食物链。孩子们通过这种有逻辑的思考就可以养成思辨力。

《人鱼女孩》可以称得上是培养孩子们思辨力的最佳范本。这本书讲述了在一个水族馆里，有一个受游客欢迎的人鱼女孩，她有鱼的尾巴、人的身体，她既不能走路，也不会说话……从来没有人见过她真正的样子。直到有一天，人鱼女孩遇到了人类女孩莉维亚，她们成了好朋友。人鱼女孩从莉维亚口中知道了很多关于人类的事情。有一天，她竟然发现了隐藏在水族馆背后的真相。人鱼女孩下定决心，要走出她生活的水箱……这个故事写出了成长与独立、真实与谎言、友谊与信任，每一处对比都是值得读者细细品味的。在带领六年级的孩子深度阅读这本书时，我针对"真实与谎言"提出了以下问题。

① 这个故事中谁说了什么谎言？

② 为什么要说谎？

③ 事实到底是什么？

孩子们读出了假海王尼普顿以爱为由，告诉人鱼女孩是自己救了她，并把她抚养成人，让人鱼女孩对他充满感激，对他惟命是从。真相是这个女孩就是一个普通的女孩，并不是人鱼。尼普顿这样做的目的是让人鱼女孩能够为他挣钱。这几个问题引导孩子深入思考，了解到看似真实的背后往往也隐藏着谎言。

在探讨这本书的最后，我又抛出了问题："你们如何看待真相？真相残酷吗？"孩子们各抒己见，有的说真相就是真相，谎言总有被戳破的一天；有的说真相虽然残酷，但对人鱼女孩来说是她人生的一个崭新的开始，残酷中带着一种幸运。这就是通过阅读帮助孩子养成思辨力，他们既可以跟随本书的作者一层层揭开真相，也可以在残酷中看到幸运，甚至可以看到一旦开始依赖，就会进入一种束缚状态，要想挣脱束缚，就需要突破，实现自我成长。

只要老师或家长为孩子设计好逻辑推理练习，孩子的思辨力必然会得到提升。

4.1.3 打造生命力

我之所以花了 20 年的时间深耕于童书读写领域，是因为我本人非常喜欢童书，我的生命状态，以及我的世界观、人生观、价值观也受到了好童书的影响。每次见到一本好童书，我总想把它们设计成一节节的读写课程，引导孩子深度阅读，为他们的生命着色，打下人生的精神底色。

（1）好书可以让孩子遇到人生典范

在《现代汉语词典》中，"典范"是指可以作为学习、仿效标准的人或事物。经典图书中形形色色的人与千奇百怪的事，都可以引领孩子成长。

　　二年级阅读文本《飞过四季的鸟儿》中这样写道："有些花永远不会结果，而有些已经变成了小果实，即将长大。"我便问孩子们："不会结果的花会因为自己不会结果而不开放吗？会因为自己不会结果而不开心吗？"孩子们回答："不会！"我们不能只提出这样一个封闭性问题就结束了，而是要引导孩子在生活中学会向大自然借智慧。大自然中有些永远不会结果的花并不知道自己不会结果，它们依然努力绽放。即使结不了果，它们也不会不开心。我们生而为人，经常会遇到即使付出努力也得不到结果的事情。当我们被情绪裹挟时，不如想想大自然中那些结不了果的花。基于这一点，我提出了这个问题："在自己的学习生活中有没有付出了努力却没有得到期望的结果的事情？"孩子们有的说："我练习弹钢琴很久，考级成绩却不理想。"有的说："体质健康测试前，我很努力地练习，却仍旧没达标。"还有的说："我们学校合唱团选拔参加电视台表演的学生，我很用心地准备了，却没被选上。"孩子们的话匣子一下子被打开了，说个不停。最后，我给孩子们进行了总结提升："当我们遇到这样的情况时，不如想一想大自然中那些不会结果的花吧，它们都曾努力绽放，正如在过程中付出努力的你们。结果固然重要，但过程更值得肯定。"通过阅读可以增加孩子们的阅历，促使他们向图书中的人、事、物学习智慧。

（2）好书可以引导孩子实现梦想

阅读好书可以引导孩子发现自己的天赋，实现自己的梦想。天赋既有天资的意思，也有生来就具备、自然赋予的意思。很多童书都以优秀人物为蓝本，描写了他们找到自己的天赋与热爱，并不断为之努力的故事。

《雪花人》讲述了一个酷爱雪花的小男孩威利从小就喜欢观察雪花、收集雪花的故事。在父母的支持下，他开始用照相机记录雪花的样子，他对雪花的研究最终帮助了很多行业。在《鲨鱼女士：最勇敢的海洋科学家尤金妮亚·克拉克的真实故事》（以下简称《鲨鱼女士》）中，尤金妮亚从小就喜欢看水族馆里的鲨鱼，最终在家人的支持和自己的不断钻研下，成了第一位研究鲨鱼的女科学家。

在设置课程时，我将这两本书指定为四年级的阅读书目。在带领四年级学生深度阅读这两本书时，我问了异曲同工的几个问题。

① 威利成为雪花人离不开什么？

② 是什么让尤金妮亚一直坚持大如鲸鲨的梦想？

③ 一个人要想有所成就，与什么有关？

《鲨鱼女士》与《雪花人》这两本书都写出了主人公是如何在自己的兴趣上下功夫的。《雪花人》中的威利在其他小朋友都在打雪仗、堆雪人时，他却一个人在观察雪。在《鲨鱼女士》中，为了研究鲨鱼潜入不同的地方，尤金妮亚第一次潜入海里，第二次潜入了书的海洋里，第三次潜入了研究里。

表 4-1 梳理了尤金妮亚的"三次潜入"和分别潜入哪里，以及读者的感受。每一次潜入都可以体现尤金妮亚对海洋的热爱，她的勇敢以及她对鲨鱼的强烈好奇心与求知欲。面对质疑，她坚持自己的梦想，并最终实现了梦想。这三个问题都给孩子带来了启示，要想把自己的热爱发挥到极致，直至有所成就，离不开自己对这件事的热爱，离不开家人的支持，更离不开自己克服困难的决心与不断钻研。我希望在这样的引导下，孩子能够在自己热爱的事情上投入很大的热情，坚定自己的梦想，坚持不懈地实现它。

表 4-1　尤金妮亚的"三次潜入"

次数	潜入哪里	我的感受

（3）好书可以让孩子懂得珍惜情感

在这个信息化时代，孩子与人、事、物的链接越来越少，感悟情感的机会也随之少了很多。既然如此，就让我们走进书中的世界，引导孩子阅读他人的故事，寻找自己的故事，体会那些珍贵的情感。

第一，在阅读中可以品味友情的温度。

由于统编版六年级语文教材中选入了《伯牙绝弦》这篇文言文，我便在五年级读书会的课程中选入了一本中华传统文化绘本《高山流水》。在孩子们学习文言文《伯牙绝弦》之前，我会让他们先了解这个故事。

《高山流水》这本书主要讲了伯牙与钟子期从相识到相知，最终伯牙得知钟子期死讯、悲痛绝弦的故事。绘本中体现两人惺惺相惜的文字与画面，非常值得细细品味，所以我提了"从哪里可以看出钟子期很懂伯牙"这个问题。书中的文字与画面均描绘了伯牙在弹琴时想象高山流水的画面，钟子期便能从乐曲中看到伯牙弹奏出高山流水的画面。这正是两人成为知音的原因——你所诉说的，我都懂！伯牙在得知钟子期去世后，绝弦的举动令人动容。品读到最后，我问孩子们："你们赞同伯牙绝弦的做法吗？"这个问题一经抛出，绝大多数孩子并不站在伯牙这一边，这就体现了时代特征。很多孩子认为，这个故事很悲壮，也反映了惺惺相惜的情谊，但是从此不再弹琴的做法不免有些极端。老师教伯牙弹琴并不是让他只给一个人演奏的，世界上也不只有一个人能听懂他的琴声，只是他恰好遇到了钟子期，或许未来还会出现张子期、王子期。孩子们已经从故事中感受到了友谊的珍贵。从他们的回答中，我们也可以看出他们是批判式地看待伯牙绝弦的。孩子们会认识到，在突然失去一个人、失去一段情感时，我们尽量不要那么极端，我们还有更多的方式、方法面对离别与失去。通过这个故事，我们在让孩子体会情感的同时也进行了思辨力与生命力的培养。本章提到的六大能力并不是割裂的，它们互为补充、互为支撑、互相起作用。

第二，在阅读中可以感受人与动物的情感。

《口袋里的蟋蟀》讲述了一个生活在乡村的小男孩小杰在家附近玩耍时捉住了一只蟋蟀，他精心地照顾这只蟋蟀，并把这只蟋蟀带到学校发生的故事。在与四年级的孩子们讨论这本书时，我问道："小杰把蟋蟀带回家后，是怎样照顾它的呢？""蟋蟀是怎样陪伴小杰的呢？"

书中是这样写的："小杰马上跑进自己的房间。他把滤茶网倒扣在桌上，将蟋蟀罩在里面。他用一个瓶盖给蟋蟀装水。他又给蟋蟀拿来一片生菜叶、一小片黄瓜，还有硬币大小的香蕉片。蟋蟀乖乖蹲坐在滤茶网中。小杰坐在桌子边的床上，仔细盯着它。蟋蟀坐着一动不动，小杰也坐着一动不动。蟋蟀没有喝水。它也没有吃生菜，没有吃黄瓜，没有吃香蕉。'小杰，吃晚饭了！'妈妈在喊。小杰依然坐在桌边的床上，盯着蟋蟀。"

可以看出小杰在十分悉心地照顾蟋蟀，他给蟋蟀安了家，给它找来了食物。晚上睡觉时，蟋蟀开始为小杰弹琴。我们从这些文字中可以体会到，蟋蟀在用自己的方式陪伴小杰，人与动物就是这样成为彼此的亲密伙伴的。

这种描写人与动物情感的优质童书是值得孩子品读的。

一般情况下，我会让孩子在品读完故事后回想他与动物之间的故事，并输出一篇文章。例如，学完《口袋里的蟋蟀》，我会引导孩子们写《××的××》，孩子们经过一番头脑风暴，联系生活实际后想到了"鱼缸里的金鱼""小区里的流浪猫""我家的大金毛""猴岛的猴子"等题目，用写作的方式深度回味了自己与动物的故事。

第三，在阅读中可以见识到家庭的不同面貌。

《飓风》中描绘了一家人在飓风来临时，围炉吃晚餐的温馨场面。在《捣蛋鬼的英雄冒险》中，小捣蛋鬼赫克托的父母因为常年外出工作，导致小捣蛋鬼一直以为父母是不爱他的，不愿在同学面前承认那是他的父母。直到他和朋友们成功地抓住了小偷，成了学校、社区的英雄。看到父母以他为傲的样子，他才知道自己在父母心中的位置。在带领孩子们阅读描述赫克托父母忙碌状态的文字时，我提出了一个问题："赫克托的父母是不爱他吗？"孩子们可以体会到赫克托的父母是因为忙而没有时间照顾他，但不表示父母不爱他。在阅读《鱼骨之歌》时，孩子们看到了一个不一样的家庭，鱼骨抚养一个和自己没有血缘关系的孩子，与他在山林中一起生活，并教会他打猎和生活的智慧。

　　通过阅读童书，孩子们可以看到世间百态、万家灯火，每个家庭都有自己的相处模式，这难道不是看到不同生命的样貌吗？

（4）好书可以让孩子学会面对挫折

　　一本本好书讲述着不同人物的不同经历，有欢笑，有悲伤，有大起，也有大落。除了读到人物的快乐，孩子还能在阅读的过程中，了解书中人物在面对挫折时的心态与应对方式。很多人都知道苏轼的一生起起落落，他却以"一蓑烟雨任平生"的心态过了一生。每一次被贬，他都能在逆境中找到自洽的方式，一路被贬一路创新厨艺，这才有了东坡肉、烤生蚝这些有名的食物。

　　《鞋子里的盐：迈克尔·乔丹》讲述了篮球明星乔丹从小喜欢打篮球，但由于他当时个子矮，被社区里一起打篮球的高个子男孩笑话，他便不再去篮球场打球，希望等自己长高一些再去。妈妈看到他十分沮丧，就告诉他往鞋子里撒上盐、每天祈祷就可以长高。他半信半疑地照做了。过了一段时间，他依然没有长高。这时，爸爸对他说了一番意味深长的话："长得高一点或许能让你打得更好，可更重要的是毅力、决心和尽最大的努力，这些才能使你成为真正的赢家。"乔丹听后拔腿就跑，再次踏入篮球场，与曾经取笑他的高个子男孩一起打球。这一次，他漂亮地赢得了比赛。

我在带领孩子们梳理这个故事时，提出了"他遇到了什么困难""谁出现了""如何帮助他"三个问题，讨论后最终回到了表 4-2。我通过提出"乔丹最终克服的是什么"这一问题引导孩子们体会，乔丹遇到的最大的困难是他没有自信、缺乏战斗的勇气。通过阅读这样的书，孩子们可以认识到有时做不成事，现实的条件只是客观因素，内心的胆怯才是阻碍自己成功的最大障碍。

表 4-2　梳理《鞋子里的盐：迈克尔·乔丹》故事梗概的表格

他遇到了什么困难	谁出现了	如何帮助他

孩子在成长过程中也会遇到被人质疑的时候。当对孩子讲不通道理时，老师或家长不妨用故事浸润。《雪花人》《鲨鱼女士》中的主人公在自己热爱的领域都曾面对过他人的

质疑，但他们选择了置之不理，认为与其和他人争辩，不如把时间用在自己热爱的事情上。书中人物在用实际行动拒绝内耗。

在六年级课程中，我带领孩子们一起读《孔子来了》，这本书描述了孔子的一生。孔子周游列国部分聚焦了"子畏于匡""陈蔡绝粮""丧家之犬"三件大事。"丧家之犬"讲的是孔子带领一众弟子周游列国时，一不小心与弟子们走散了。到了郑国都城东门时，只剩孔子一个人。这可是他第一次独自一人游走在陌生的国家。此刻，这位圣人彷徨失措。他的学生也很着急，到处找他。子贡终于向一个人打听到，东门外有一个外地人，额头长得像唐尧，脖子像皋陶，肩膀像子产，眼神慌张，脸上神情很狼狈，可怜巴巴地望着街上走过的人，像极了丧家狗。子贡一听，这个人说的就是自己的老师，赶紧跑过去，终于见到了老师。随后大家汇合到一起，子贡说起刚才寻找老师的情形。孔子说："哎哟，说我像那么多大人物，我可真比不上，但要说像丧家狗，别说，还真挺像的。"面对他人的不良评价丝毫不介意，而是用自嘲的方式调节气氛，这就是圣贤孔子！

每本书中的人物都是鲜活的生命，打开一本书，便走进了一个有血有肉的生命体。通过阅读，孩子可以体悟生活、打开认知、感悟生命，让生命力在阅读中得到滋养。

4.1.4　培养感受力

阅读是孩子通过对文字与画面的双重鉴赏，不断地、持续地、渐进式地培养感受力的过程。

（1）通过鉴赏文字，培养感受力

从了解文字表面的意思深入到体悟深层含义就是培养感受力的过程。现在的孩子对语言文字的感受力比较弱。如果没有老师或家长有目的的引领，他们便很少主动思考。这也是孩子阅读理解主观题总是回答不准确的原因之一。

在阅读《坚定的小锡兵》这本书时，我带领五年级的孩子一起聚焦人物刻画的方法，体会人物的内心世界；带着他们找到描写环境的句子，体会其渲染氛围的作用。例如，当一对淘气包把小锡兵放在船上，想看看小锡兵晕不晕船时，作者是这样描写的："小锡兵觉得有些晕船，可他仍然非常坚定，目光注视着前方，肩上扛着步枪。"当在漆黑的桥下遇到要买路钱的老鼠紧追不舍时，作者是这样描写的："可是小锡兵一句话也没有说。他只是把枪握得更紧了。"在阅读文本时，引导学生从以下几方面谈一谈自己的感受。

❖ 抓住关键词句，谈感受。

① 思考关键词的意思，并谈一谈它给你带来的感受。

② 思考特殊的句子，并说一说你的感受。

❖ 结合生活实际，谈感受。

❖ 联系上下文，谈感受。

❖ 评价人物，谈感受。

很多孩子一旦遇到让他们谈感受的题目，就会像闷葫芦一样说不上来，其实是因为他们不知道如何表达。现在孩子根据上述几点，再联系文字，便可以把自己的想法表达出来了。对于描写小锡兵的句子，有的孩子说："小锡兵在晕船的情况下还能'坚定、目光注视着前方'，他真的是有着很强的意志力。如果是我，晕船时就什么都顾不上了。"还有的孩子说："当小锡兵面对老鼠紧追不舍时，还能把枪握得更紧，说明他遇到危险很淡定，并没有慌张。这点非常值得我学习。如果是我，我会吓慌了神。"孩子就是运用抓关键词和联系生活实际的方法体会语言文字的。

三年级是学习童话和寓言的重点阶段，我便为三年级读书会课程选了一本儿童哲思寓言《然后呢，然后呢》，这本书选取了很多有意思、有哲理的寓言故事。《骆驼跳芭蕾》这个故事讲了一只骆驼想成为一名舞者，她每天都在刻苦练习。有一天，她邀请朋友来看她跳舞，遭到了他人的嘲笑，但她毫不理会，依然坚持跳舞。

在这个故事中，有这样一段描写："她一遍又一遍地练习用脚尖旋转、单脚立和迎风展翅的舞姿。每天，她要重复练习上百次芭蕾的五个基本脚位。在沙漠炎热的阳光下，她练习了好几个月。她的脚起水泡了，她的身体又疲倦又疼痛，可是她从没想过要停下。"

我尝试让孩子学习抓住关键词写批注。孩子们从"一遍又一遍"看出骆驼练习的次数多，从"重复练习上百次"可以看出她在不厌其烦地练习。有些孩子可能会联系自己的生活实际，说出要是自己可能早就放弃了。从"炎热的阳光下"感受到她练习的环境很恶劣；从"脚起水泡""从没想过要停下"可以看出她即使身体很疲惫，脚都受伤了，但从未想过放弃，说明她十分热爱跳芭蕾舞。在课堂上，我就这样一点一点地引导孩子将关键词一个一个地圈出来，并写下感受，然后把这些感受综合在一起，谈一谈对这段话的理解，即"骆驼反复练习芭蕾舞的动作，不厌其烦地练，即使顶着烈日，脚都受伤了，她还坚持跳下去，从没想过放弃。可以看出她非常热爱跳芭蕾舞，也可以看出她非常有毅力"。总之，孩子的语言文字感受力就是在一点点地思考、一次次地刻意练习中得到提升的。

（2）通过鉴赏画面，培养感受力

培养孩子的感受力，不仅要在文字上下功夫，而且要读懂画面的传达性，从画面中看出作者想要传达的是什么。郝广才先生曾经讲过，这个时代文盲不多，美盲却不少，老师和家长都忽略了对孩子审美能力的培养。老师或家长可以给孩子选择一些有插画的书，如绘本、漫画、图像小说，通过观察画面感受作者的用意。

第一，通过聚焦画面，续写故事。

《好奇花园》是一本传递美好的书，它讲述了一个叫小莱的小男孩生活在一座没有花草树木的沉闷又乏味的城市。有一天，他发现在一条废弃的铁轨旁有很多奄奄一息的植物，于是他当起了园丁。在他的努力下，这座城市有了变化。城市多了绿色，也多了很多新园丁。书的文字并没有描写新园丁在做什么，而是运用插画展现了新园丁的行为，以及这座城市的改变。我就引导三年级的孩子们观察画面，从关注新园丁是如何照顾植物的，到关注画面中人物的动作、表情，以及城市有了哪些新变化，并且在口头表达后进行书面表达，续写新园丁的故事。

第二，通过聚焦画面，体会作者的深意。

在五年级读书会课程中，我带领孩子们读了一本描写战争的书——《战地厨子和半个小兵》。这本书中有很多精美的插画，每一幅插画都别有用意，如图 4-2 所示。书的前衬页绘制了枪炮，后衬页绘制了草药，它们象征着什么呢？阅读前可以让孩子们猜测，阅读后再组织他们讨论。可以看出枪炮和战争有关，但草药呢？只有孩子们读完整本书才能知道，原来草药一直贯穿于整个故事中，潜藏着疗愈的作用；药可以疗愈身体，而战争带给人们的伤害则需要时间去疗愈。

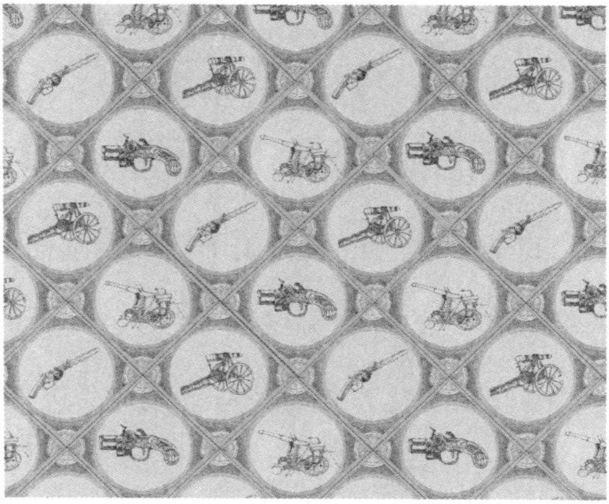

图 4-2 《战地厨子和半个小兵》的插图 [1]

这本书中还有很多精巧的插画，引导孩子发现其中暗藏的各种玄机。书中有这样一幅画（见图 4-3），画面上是各种

---

[1] 图片摘自二十一世纪出版社集团出版的图书《战地厨子和半个小兵》。

各样的人头画像，在众多布满人头的画页中间写着这样一段话："战争是一台绞肉机，必须不断被人喂饱。它已经吞掉了一万个、十万个、一百万个士兵。它再多吃一个小兵又有什么关系呢，不，甚至不是一个小兵，是半个，半个小兵。"结合画像与文字感受这个画面，我们仿佛看到了每一张脸就是一个被战争吃掉的士兵，一个又一个，数不胜数。这样的画面会给人带来一种战争十分残酷的冲击感。

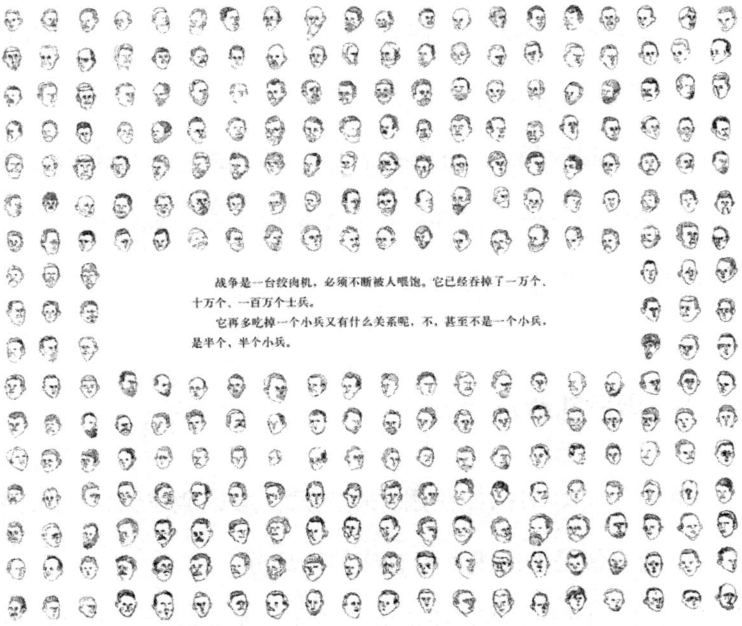

图 4-3　《战地厨子和半个小兵》的插画

第三，通过聚焦画面，更清晰地理解人物关系。

《传奇之城》是一本图像小说，描写的是一个小男孩到传奇之城寻找自己失去的一切的旅程。书中有三个重要人物，一个是小男孩，一个是带领小男孩的向导，最后一个是国王。孩子们读到最后可以发现，国王就是长大后的小男孩，向导则是戴面具的小孩，他在不断地更换面具。他每次更换的小面具是不是像极了人生成长路上影响我们的一些人？他们对生活富有经验，并且总会以自己的方式把吸取的教训分享给我们。借此可以引导孩子们思考："在长大的过程中，你的生活中出现过哪些重要的人。"

当然，阅读是一种个性化的体验，或许孩子们会有自己不同的理解与见解。这样一本一本地读下去，他们对人生价值的看法也会发生变化。

4.1.5　激发创造力

阅读一本好书犹如挖掘一座宝藏，可以激发人的无限潜能。创造力便是潜能中不可忽略的一部分。

《小小发明家手册：让你成为天才发明家的实用指南》（以

下简称《小小发明家手册》）是一本鼓励孩子发明创造的书。四年级的语文教材要求孩子们写关于发明创造的练笔，这本《小小发明家手册》被我安排在了四年级读书会课程中。英国知名发明家、设计师和艺术家多米尼克·威尔科克斯与他的团队发起了"小小发明家"征集活动，最终联合设计师把世界各地小朋友的奇思妙想变成了真实的物品，受到了小朋友的欢迎。可以说，这是一本发明创造的实用指导手册。在引导孩子发明创造方面，这本书给出了不同的方法，让孩子们把自己生活中的一些想法通过加法来实现；让孩子发现生活中的问题或麻烦，找到创作的灵感；引导孩子从主题出发寻找灵感，利用各种各样的方式打开孩子们的脑洞，让孩子们展开奇思妙想。

图 4-4 中这位小朋友脑子里的想法是"不想上学""我喜欢吃葡萄""我想写作业""我想吃糖果""我想拍气球"等，他把这些想法进行创意组合，发明了"气球糖果制造器"，把蓝莓装进这台机器里，当他想吃糖果时就点击一下按钮，机器便会弹射出自己喜欢的糖果了。孩子都有各种奇思妙想，往往是成年人没有为孩子提供想象的机会。

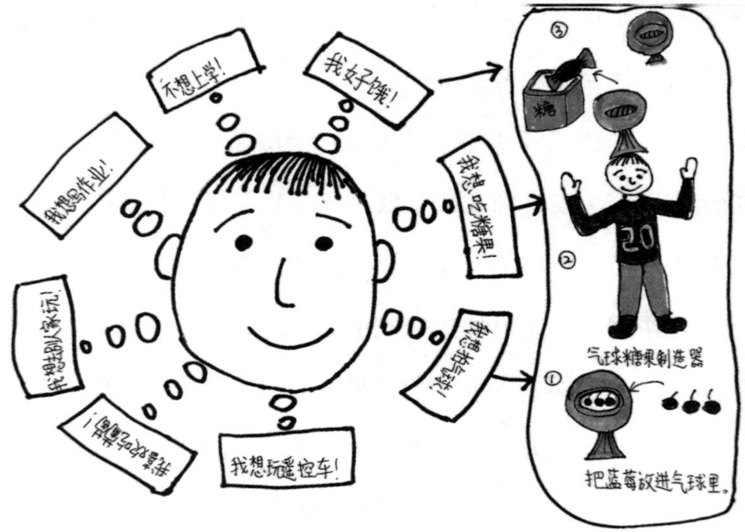

图 4-4　气球糖果制造器[1]

　　有一位四年级学生用表格总结了自己在生活中发现的问题，以及他想解决的问题。他在表 4-3 中设计了想帮助谁，他们都遇到了什么问题（苦衷），想发明什么东西来帮助他人解决问题。孩子设计了四种人物。跑步者每次喝水总要停下来，能不能让跑步者不停下来就能喝到水呢？所以，他想做一个"蓄水帽子"来帮助跑步者。孩子的世界中认为外星人需要眼镜，所以他想做一个眼镜给外星人戴。孩子们想象的

---

① 插图设计者余近林。

闸门一旦打开，便犹如滔滔不绝的江水一般。

表 4-3　学生在生活中发现的问题和解决思路

想帮助谁	苦衷（遇到的问题）	怎么帮
跑步者	跑步者不用停下来就能喝到水	做一个"蓄水帽子"
外星人	需要眼镜	做一个"特别镜"
小猫	想运动，但不想出汗	做一个"运动吸汗机"
长颈龙	冬天脖子冷	做一个"超长毛巾"

孩子的创造力是可以通过阅读培养起来的，前提是我们要挑选出优质的图书。

在四年级读书会课程中，我为孩子们推荐了一本有意思的书——《杯子就是杯子吗？》，这本书可以让孩子发挥无尽的想象。作者因为善于观察生活，发现了生活中的麻烦，所以设计了不同类型的杯子。有一边喝水、一边可以从杯子底部抽屉取出饼干的杯子，有像陀螺一样可以旋转的杯子，还有可以放在台阶上的杯子。总之，只有你想不到的杯子，没有作者设计不出来的杯子。书的后衬页还出现了千奇百怪的勺子，像是在向读者暗示："勺子就是勺子吗？"

这本书向读者传递了这样一个观点：我们要学会对平常

的事物产生怀疑，从而产生新的、有创意的"设计视角"。于是，我引导孩子观察生活，从这种设计视角进行思考，我提出了问题："马桶就是马桶吗？电视就是电视吗？……"孩子们也提出了一系列创意设想："书就是书吗？电灯就是电灯吗？汽车就是汽车吗？笔就是笔吗？沙发就是沙发吗？书包就是书包吗？……"

紧接着，我让孩子们深入思考：这些事物还可以是什么？想一想平时使用这些物品时遇到的一些麻烦，或者可不可以把它们创造成一举多得的事物？孩子们在此基础上又有了新的发明。例如，在汽车上安装可伸缩的带轮子的隐形梯子，可以完美地解决渡河问题；在沙发上装个手臂，想吃零食时按动某个按钮，手臂就可以伸到柜子边，轻松地拿回好吃的零食。

充分发挥想象、进行创意设计后，我便让孩子们翻到这本书的前衬页，这一页介绍了杯子的构造及材质。孩子可以根据这一页的内容设想自己的发明创造，设计它的样子，为它选择材料，这样做可以为写作输出做好逻辑架构方面的前期准备。

想象力与创造力都是可以培养的，阅读的书越多，见识越多，孩子的创造力便会越丰富。

4.1.6 提升逻辑力

通过阅读，孩子可以获得的最核心、最重要的能力，就是能够轻松自如地组织语言文字。无论是口头语言，还是书面语言，每个人都希望自己能够做到有逻辑地思考、有逻辑地表达。

（1）运用不同的思维图表厘清内容

每个人都希望自己在当众表达时能够做到侃侃而谈，把一件事说清楚、讲明白。要想培养孩子表达的条理性，老师或家长需要运用一些方法，引导孩子做到言之有序、言之有物、言之有理。所谓"读书破万卷，下笔如有神"，只有先"破"万卷书，才会在写作时有神来之笔。没有"破卷"的历练，是得不到"神助"的。

阅读时，老师或家长需要带领孩子绘制流程图，厘清事情发生的步骤。例如，科普绘本《动物请回答：你怎么出生的？》讲述了各种各样动物出生的方式，我带领二年级学生读到孔雀蛱蝶的出生，在孩子读懂每句话表达什么内容之后，就帮助孩子抓住关键词语，绘制孔雀蛱蝶出生的流程图，如图 4-5 所示。

聚焦细节：孔雀蛱蝶的出生

交配后在荨麻叶产下500多枚密密麻麻、小小的卵

幼虫出生只有3毫米

图 4-5　孔雀蛱蝶出生流程图

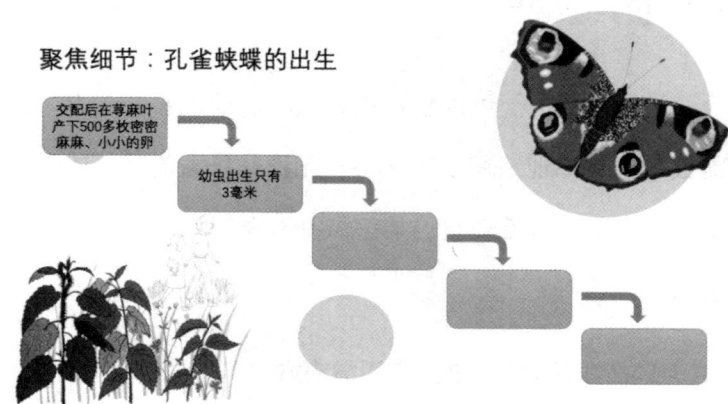

绘本《云朵面包》讲述了小猫们开心地把云朵带回家，猫妈妈打算把云朵做成面包。书中用画面配合文字一步一步地描述猫妈妈制作面包的步骤，我在带领阅读时便让孩子们绘制了制作面包的流程图，再让孩子们联系生活观察一下，把自己或家里人做事时的步骤用流程图表现出来。有的孩子画出了早晨起床后的步骤，有的孩子画出了种植植物的过程，有的孩子画出了做蛋炒饭的每一步。每个小朋友的生活不同，所以他们绘制的流程图各有特色。我们不需要孩子画得有多好，绘制流程图的关键是要提升他们的逻辑思维能力。

有时孩子看完一本书，却支支吾吾地说不出来这本书讲

了什么。其实，只要用对方法，孩子读完书后就能与他人侃侃而谈。以科普书为例，老师或家长可以运用 KWL 表格引导孩子做知识整理。K（Know）即在学习、阅读之前我就了解、知道的内容；W（Want）即我想从学习、阅读中了解的内容；L（Learn）即我从学习、阅读中学到的内容。

我在带领二年级孩子阅读《动物请回答：你怎么出生的？》时便运用表 4-4，让孩子对整本书的内容进行整理。关于 Know 的部分，有的孩子说到"我知道有些动物是胎生的，有些动物是卵生的"。针对 Want 的部分，有的孩子想知道章鱼是怎么出生的？蜻蜓是怎么交配的？小水母是怎么长成成年水母的？在读完这本书后，孩子们的收获各不相同，但学到的知识一定是源于本书的。当孩子能够运用表格梳理自己脑海中已有的知识与学到的知识后，便可以在需要输出时运用它。

表 4-4 《动物请回答：你怎么出生的？》KWL 表格

Know 我已经了解到的	Want 我想从这本书中了解的	Learn 我从这本书中学到的

表格是非常好用的思维外化的工具，除了整理知识性内容，我们还能用表格带领孩子梳理故事脉络。在带领六年级学生阅读《传奇之城》这本图像小说时，我利用表 4-5 让孩子们思考：小男孩在传奇之城经过了哪些地方，遇到了哪些人与事？目的是从场景、遇到的人或事中梳理情节发展的脉络。

表 4-5 《传奇之城》情节发展脉络

场景	人 / 事
刚进门	戴面具的小孩
三人台	
窗口	
喷泉	
吞噬记忆的洞	
灰暗的小广场	
怒气囚笼	
空中花园	
接待大厅	

和孩子们深度探讨表 4-5 后，老师或家长就可利用表 4-6，讨论每件事发生、每个人出现的象征意义。这本书写了一个孩子告别童年找自己的故事。他每次经过的场景、遇见的人

与事都是有象征意义的，这种象征意义也是建立在个人的理解之上的，领读者能否感受到这种意义在于他对故事的解读。

表 4-6　《传奇之城》情节发展脉络与象征意义

场景	人 / 事	象征意义
刚进门	戴面具的小孩	影响自己的人或陪伴者
三人台	最后一批移民等待属于自己的位置	找到属于自己的位置
窗口	科德伽的奠基人	具备的品质
喷泉	看到池底的奇异景象	具备想象力
吞噬记忆的洞	差点掉进去	一生总会有遗忘
灰暗的小广场	玩跷跷板的兄弟	矛盾冲突
怒气囚笼	带有情绪的怪物	面对情绪
空中花园	不可思议的植物 摘了一朵火焰之花 被龙卷风卷走	欲望
接待大厅	见到国王	学会告别

我们可以试着与孩子交流："在一个人成长的过程中，每个阶段都会经历不同的人与事，小男孩经历的这些或许都有一些意义，我们一起探讨一番。"这时，我们可以举个例子："经过怒气囚笼时遇见了带有情绪的怪兽，你觉得它是我们成长过程中需要面对的什么呢？"孩子很容易说出来是情绪。

接着，我们便和孩子一起探究遇见的每个人、事、物的象征意义，引领孩子思考。其实，每个来到我们面前的人、事、物都是有意义的，没有无缘无故的到来，也没有无缘无故的离去。

（2）运用织网法梳理故事情节

除了运用各种表格，我们还可以运用织网法梳理故事的发展脉络。

在《我把妈妈变成了鳄鱼》这本书中，一个小男孩的妈妈总是催他快点儿，于是他想把妈妈变成鳄鱼，他还把这个想法画在了图画本上。有一天早上起来，他发现一只鳄鱼直立地站在厨房里，嘴里还叫着他的名字。他一看，原来是妈妈变成了鳄鱼。妈妈变成鳄鱼后去了不同的地方，她去超市，把店员吃了。她来到马路上，把路面上的东西折腾得乱七八糟，树被她的尾巴扫断了，人被她的大爪子抓了起来，还有很多人被吓得四散奔逃。最终，她被警察带到动物园，关在了笼子里，在笼子里站着做起了饭。小男孩看到妈妈这个样子，赶快回家把图画本上的画擦掉，最终漂亮的妈妈回来了。老师或家长便可以带着孩子像蜘蛛织网一样把故事情节的发展脉络织出来，如图 4-6 所示。

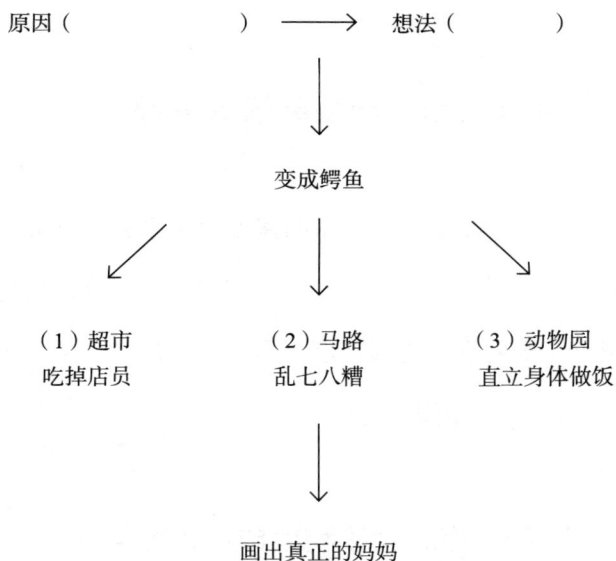

原因（　　　　　）　——→　想法（　　　　）

变成鳄鱼

（1）超市　　　　（2）马路　　　（3）动物园
吃掉店员　　　　乱七八糟　　　直立身体做饭

画出真正的妈妈

图 4-6　《我把妈妈变成了鳄鱼》的故事情节

通过梳理故事情节，孩子们就拥有了梳理逻辑的能力，老师或家长可以让孩子们运用这个逻辑创编故事，如"我把妈妈变成了老虎""我把班长变成了老鼠""我把爸爸变成了猪"等。孩子要思考自己产生这个想法的原因，人物变成动物后去了哪些地方，发生了什么事，并构建三处场景，分别设计在这三处场景发生的事情，最终要有完美的结尾！这样，孩子便用织网法织出了一个故事。

4.2　问好问题：深度阅读的关键

　　老师或家长要想启发孩子的深度思考是离不开如何问好问题的。在我看来，问题本身并无"好坏"之分，而是通过提问引导学生的思维走向广度与深度，通过提问培养孩子适应未来多元化社会所需的能力。

4.2.1　根据大脑的八大思考运作方式提出问题

　　大脑的思考运作方式共有以下八种。

（1）观察

　　我在带领孩子阅读绘本时，会引导孩子观察画面。无字书是提升孩子观察技巧的工具，每一幅画都值得孩子们细细品味。老师或家长可以让孩子先学会观察书上的画面，再推及在生活中观察。现在的孩子总觉得自己在写作文时没有素材，就是因为他们太缺乏对生活的观察力和感受力了。当然，家长也要多为孩子提供体验的机会。

（2）比较

老师或家长要多为孩子提供比较的机会。在带领五年级学生阅读《飓风》这本书时，书中讲到飓风来临时，室外狂风怒号，室内一家人围着壁炉吃晚餐，这两个场景就形成了比较。飓风给成年人与儿童带来的感受是不一样的。所以，通过对故事进行分析，我可以提出"飓风来临时，室内与室外各是什么样的场景""飓风带来的到底是什么"这样两个具有比较意义的问题。

（3）分类

如果想真正了解事物间的关系，就要先对它们进行分类。在了解故事情节的发展脉络时，如果孩子能在一篇文章或一个故事中明确哪部分文字是写起因、哪部分文字是写经过、哪部分文字是写结果，就说明孩子把握住了故事的主要内容。我在带领低年龄段的孩子阅读故事类图书时，都会引导他们对事件进行分类。在阅读科普类图书时，分类思维更加重要。

例如，在《动物请回答：你怎么出生的？》这本书中，我会引导孩子按动物如何吸引对方、它们出生的方式及出生地进行分类。但凡能够在书中找到分类的信息，老师或家长都要及时带领孩子开展这方面的练习。

（4）假定

假定可以理解为猜测、预测。在阅读时，老师或家长应鼓励孩子预测下一页可能出现的画面，以及下一段、下一章可能讲述的内容。老师或家长也可以在阅读之前，和孩子讨论书名、封面、环衬等相关内容，这是一个刺激口头表达与书面语言的机会。例如，我们在共读《捣蛋鬼的英雄冒险》这本书时，先引导孩子讨论书名，孩子们就会好奇：捣蛋鬼怎么还成了英雄呢？再引导孩子揭开书衣，发现书衣后的封面和书衣的画面是不一样的，让他们围绕这两幅画展开猜想、预测。在阅读的过程中不断印证自己对故事情节的猜测也是一种乐趣。

（5）组织

阅读后，孩子能够自行重述故事或创编新故事，不断地按先后顺序呈现与表达想法，孩子的语言组织能力就可以得到提升与强化。例如，前文讲到的《我把妈妈变成了鳄鱼》，孩子看着故事脉络便可以把这个故事讲出来，甚至还能够创造出新故事。阅读《动物请回答：你怎么出生的？》时，老师或家长可以带领孩子利用流程图梳理孔雀蛱蝶的出生过程，让孩子参照流程图把孔雀蛱蝶的出生过程讲出来。语言组织能力是建立在清晰的逻辑思考的基础上的。

（6）摘要

孩子在阅读一本书时，书中总会有他喜欢的部分、学到的重要信息等，圈一圈、画一画、抄一抄都可以提升孩子的摘要能力。321 阅读法可供读者参考。所谓"321 阅读法"就是孩子在阅读时找到以下三个部分。

- ❖ 3 个打动你的句子。
- ❖ 2 个印象深刻的情节（有趣或难忘的）。
- ❖ 1 个你最想评价的人物。

我在带领孩子阅读《坚定的小锡兵》《耗子大爷起晚了》《天空落幕时》等文学性极强的故事类图书时，都会运用 321

阅读法培养孩子的摘要能力。

（7）应用

阅读一本书后，老师或家长要为孩子创造机会实地应用书中的信息或技巧。我在带领孩子阅读绘本《动物绝对不应该穿衣服》时，书中讲了各种动物不应该穿衣服的理由。在课堂尾声，我便向孩子抛出一个问题："如果你在小区里看到有人遛狗给小狗穿衣服，你会怎么说、怎么做？"这样在引发孩子思考的同时，培养了孩子的表达能力。《我把阳光当早餐》这本科普书中讲到了很多有趣的植物实验，我们就可以让孩子按照书上的步骤做一做这些小实验。孩子们会非常热情地参与其中。更高级的应用就是把书中倡导的哲理和生活智慧运用到生活中，这需要孩子日复一日地阅读，深入思考，把书中的内容内化为自己的知识。

（8）批评

批评可以理解为由阅读发展批判性思考的能力。《动物请回答：你怎么出生的？》这本书中讲到雌性大杜鹃在下蛋时发现了其他鸟巢，它便趁着主人不在家时在别的鸟巢里下一个自己的蛋。因为蛋很相似，鸟巢的主人并未觉察。大杜鹃雏鸟还会用背部把巢中其他蛋推出去，然后由"养父母"捉来小虫把大杜鹃的雏鸟养大。十个月后，大杜鹃便抛弃"养父母"，飞往南方了。在带领二年级学生阅读这本书时，我问孩子们："你喜欢大杜鹃吗？"有的孩子说喜欢，觉得大杜鹃很聪明，大杜鹃的雏鸟很独立，只有十个月就能离开父母了，不像我们人类要在父母身边待很久，喜欢依赖父母。有的孩子说不喜欢，觉得它太自私了，只顾着自己而去抢占别人的巢。总之，这种争论性的话题可以启发孩子用批判的思维进行思考，无限延展思考的广度。

老师或家长在引领孩子进行深度阅读时，要时常记得大脑运作的八种方式，有意识地从这八个方面设计问题。

4.2.2　根据 PIRLS 四层次提出问题

阅读既是读者与文本的互动，也是读者通过文本与作者的互动。在阅读时，读者要在脑海中建构意义图像，除了必须具备基本的解码能力，更需要拥有推理能力，能够深入、有层次地思考文本内容。

引导孩子进行深度阅读，提问是密钥，如何提问、提出什么样的问题是协助孩子提升阅读能力的基础。

接下来，我将与大家分享 PIRLS 四层次提问法。PIRLS 的全称是 "Progress in International Reading Literacy Study"，即国际阅读素养进展研究项目，它是国际教育成就评价协会（IEA）的研究项目之一。该项目计划每五年进行一次全球范围的阅读素养评价，以此监控儿童阅读能力的未来发展。

PIRLS2006 对 "阅读素养" 的描述定义如下：理解和运用社会需要的或个人认为有价值的书面语言形式的能力。年轻的阅读者能够从各种文章中建构意义，他们通过阅读进行学习、参与各项活动。

PIRLS 测试重在理解和诠释，我在日常教学中与学生探讨整本书时，会围绕 "提取信息、推论信息、诠释整合、比较评估" 四个层次的指标提问。

下面以图像小说《传奇之城》为例，讲解如何通过提问分别达到四个层次的要求。

（1）提取信息

❖ 与特定目标有关的信息。

❖　特定的想法、论点。

❖　字词或句子的定义。

❖　故事发生的场景。

❖　文章中明确陈述的主题句或主要观点。

我们可以将层次一理解为提出的问题能直接从书中找到答案。对孩子来说，这是非常简单的问题。我们经常会看到低年级的阅读理解题目，孩子大多能够从文中直接找到答案，中高年级阅读理解的前几题也是简单地提取信息，考查层次都在第一层。

在《传奇之城》中，我们可以提出与特定目标有关的信息：小男孩（旅行者）为什么要去传奇之城？作者在开头直接介绍了，小男孩觉得国王能够帮助他找回多年来他在旅途中丢失的一切：他的姓名、他活着的原因及他要去的地方。

关于特定的想法、论点。我们可以提出：能不能见到国王由什么决定？在书中便可找到答案："在国王眼里，没有强弱与贵贱，不分先来和后到，不论喜好和憎恶，那么能不能见到国王，完全取决于求见者的个人意愿。"

关于字词或句子的定义。在共读中，我们可以找到孩子不理解的一些词语或句子，让孩子说一说这个词语或句子的意思。如果能够在文中直接找到答案，直接提取即可。

关于故事发生的场景与事件。我们可以提出：小男孩进入传奇之城后去了哪些地方、经历了什么？孩子可以利用表格梳理答案。在这个问题的基础上，我们还可以提出更多的问题。例如，你觉得传奇之城的哪里最奇特？你最喜欢传奇之城的哪个地方？

关于文章中明确陈述的主题句或主要观点。书中最突出的就是小男孩要找到国王的决心，这也是作者的主要观点。那么，我们可以提问：当男孩失去勇气，想要放弃时，他是怎样坚持下去的？书中在很多地方都表明了心迹："男孩恢复了勇气，再次挺起了胸膛。尽管男孩心存疑虑，但他还是从小孩的话语中找回了一丝勇气和力量。于是，他义无反顾地走入了迷宫……"

（2）推论信息

❖ 推论某事件导致的另一事件。

❖ 在一串的论点或一段文字之后归纳出重点。

❖ 找出代名词与主词的关系。

❖　描述人物间的关系。

我们从"推论"这个词不难看出，到了层次二就不能直接从文章中找到答案了，而是需要孩子联系上下文、段落间的文字推导意思、重点甚至各种关系。

推论某事件导致的另一事件。在《传奇之城》中，小男孩没有看到告示牌上的提醒，摘了火焰之花，导致一阵狂风暴雨袭来。我们就可以提出这样的问题：为什么狂风暴雨突然袭来？孩子联系小男孩的行为可以推断狂风暴雨来袭的原因。

在一串的论点或一段文字之后归纳出重点。这是测试中经常考查的内容，尤其是根据一段文字归纳出重点。在《传奇之城》的最后，小男孩要离开小国王，我们可以提问：小男孩为什么一定要离开小国王？经过讨论，孩子们可以感受到小男孩一直都在探索、成长，虽然小国王舍不得他，但他不可能停下成长的脚步，他要继续探索，告别小国王就表示他在和过去的自己告别，重新出发。

找出代名词与主词的关系。在《传奇之城》中，小男孩和向导经历三人台时，作者这样描述："男孩和小孩的到来，让他们不约而同地闭上了嘴巴。""他们"就是一个代名词，他们到底指谁，其实就是文章里提到的坐在台子上的三个奇怪的人。我们也经常可以看到应试阅读理解测试中会提出"这""这些""他们"指什么的问题，这些问题就是在考查代名词与主词的关系。课外阅读完全可以与应试测试紧密结合，二者并不是对立的关系。

描述人物间的关系。孩子只有在读懂书中内容、感悟人物角色后，才能更好地理解人物间的关系。语文教材只是在第三学段（5～6年级）才开始让学生关注人物关系，学习利用关系网画出人物关系。随着年级的升高，才会指导学生阅读较为复杂的篇章。因此，在引导高年级学生阅读时，要刻意设计梳理人物关系的问题。读完《传奇之城》这本书，我便会问孩子们：小男孩、向导、小国王三人到底是什么关系？让孩子们从故事情节和人物的行为推测人物关系。

（3）诠释整合

- ❖ 归纳全文信息或主题。
- ❖ 诠释文中人物可能具有的特质，或做出行动。
- ❖ 比较及对照文章信息。
- ❖ 推测故事中的语气或氛围。

❖ 诠释文中信息在真实世界的应用。

层次三的要求更高了，需要孩子运用自己的知识理解文章，甚至建构文章的细节，让故事更加完整。

学生在读完一本书或一篇文章后，可以归纳全文信息或主题。例如，这是一本关于什么的书？

在一本书中，人物的一些做法可能也是诠释人物特质的依据。在《传奇之城》中，当小男孩摘下火焰之花时，我们可以问孩子：小男孩摘下火焰之花象征着什么？通读全文后，我们不难看出这些花象征着诱惑。小男孩摘下了花，其实表示在面对欲望时，他没有克制住，因此引来了暴风雨。他要为自己贪恋这个欲望面对新的挑战，正如在生活中每个人都面临着各种各样的欲望，也要为满足自己的欲望而付出相应的代价。

推测故事中的语气与氛围。读者在阅读时往往会不自觉地感受作者用文字渲染的氛围。当我们读到紧张的氛围时，会跟着书中的人物紧张；当我们感受到欢乐的氛围时，也会跟着角色开心起来。那么，该如何提问呢？在《传奇之城》中，对于国王听到男孩要离开时的那种心情，我们可以设身处地地去体会，并联系自己的生活实际，如果有很重要的人即将离开，自己是什么心情。

文章中的信息是否能够应用在真实世界，这也是诠释能力的一种表现。在《传奇之城》中，男孩说告示牌上的书他已读过其中几本，在他做出重要的决定时，这些书曾一度影响他的选择。我们可以提出：在你读过的书中，哪些书对你影响很大？让孩子们畅所欲言谈一谈。

（4）比较评估

- ❖ 评估文章描述的事件真实发生的可能性。
- ❖ 评价作者如何安排让人出乎意料的结局。
- ❖ 评价文章的完整性或阐明、澄清文中的信息。
- ❖ 找出作者论述的立场。
- ❖ 指出作者的写作手法与技巧。

前三个层次是引导读者与文本的对话，层次四则在引导读者与作者进行对话。读者需要运用批判性思考去品鉴文章、评价人物，与作者进行隔空对话。

读完《传奇之城》这本书后，我们可以问孩子：你认为现实生活中会有这样的传奇之城吗？这就是引导孩子评估文章描述的事件真实发生的可能性。如果孩子只是简单地读这本书，大多数孩子会回答没有这样的传奇之城。而经过与孩子一起深度共读后，他们建立了思辨力、联结力，读懂了故事中的各种象征意义，会想到每个人都有自己的"传奇之城"，在城里游走一番犹如每个人在成长过程中要经历的困难、挑战与诱惑，但孩子终究会长大成人，见到自己的"国王"，再与之分离。所有的评估都是建立在读者个人理解的深与浅、片面与全面之上。比较评估能力的强与弱，取决于读者与文本对话的质量。换言之，读者对图书的评价能力建立在他对整本书内容的理解程度之上，前三个层次研究得越透彻，第四个层次的理解就会越轻松。

在评价作者安排的结局上，可以引导孩子感受作者描述的这个结局是否出乎意料。例如，小国王让小男孩留下，小男孩执意要走，让你意外吗？为什么？孩子在深度共读、讨论整本书之后，知道了小男孩一直在探索自我，这个问题就不难回答了。在读完一本书后，如果能够找到作者论述的立场，我们应尽量引导孩子去寻找、去体会，这个练习适合高年级的孩子。至于《传奇之城》作者的立场到底是什么，相信每个读者都会有不同的解读。

　　在"比较评估"这个层次，如果能够对作品的写作手法与技巧进行分析，将对写作产生关键性影响。《传奇之城》这本书最大的特点就是运用图像小说的展现形式，运用不同的人、事、物来象征人在不同的成长阶段所面临的各种挑战。作者运用这种写作手法，讲述了一个找自己、与自己告别的故事。孩子学会了这种象征手法，就可以自己创作故事，用不同的人、事、物进行象征性表达。

第 5 章

关键 4 步，
提升阅读能力

提升阅读能力并不难，孩子可以通过有步骤、有方法地刻意练习实现这个目标。在孩子阅读了整本书后，老师或家长仅用 4 步，就能够提升孩子的阅读能力。本章将分享引导孩子提升阅读能力的关键 4 步，让协助孩子阅读的老师或家长可以拿来即用。

5.1 ✧ 整体感知：利用思维外化工具养成概括力

每读完一本书，孩子就要有条理、清晰地讲出整本书的主要内容。要想让孩子做到这一点，我们就需要一些工具和方法。

5.1.1　运用工具卡进行概括

工具卡是一个正方体的六面，六面上分别标注着以下内容，如图 5-1 所示。

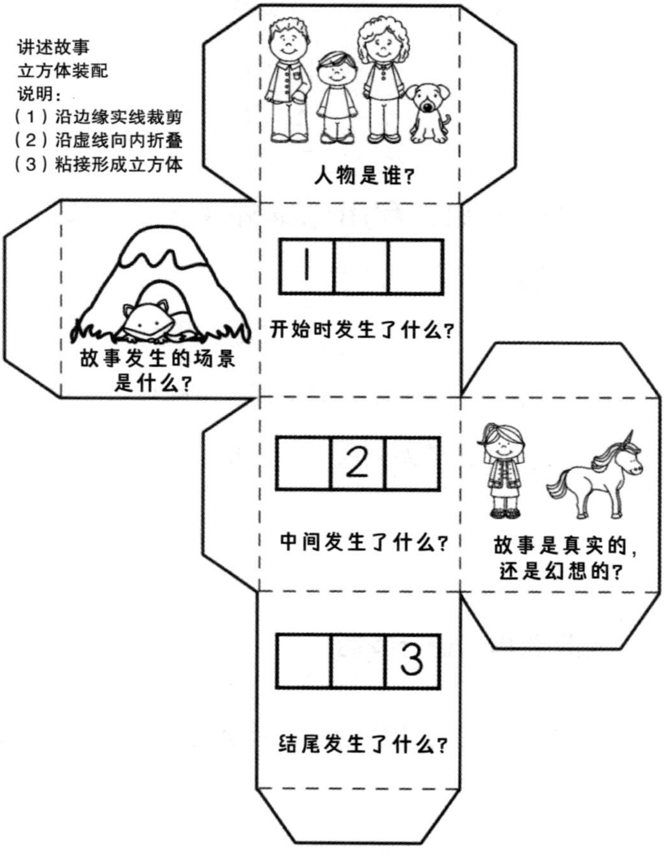

讲述故事
立方体装配
说明：
（1）沿边缘实线裁剪
（2）沿虚线向内折叠
（3）粘接形成立方体

人物是谁？

故事发生的场景
是什么？

1
开始时发生了什么？

2
中间发生了什么？

故事是真实的，
还是幻想的？

3
结尾发生了什么？

图 5-1　工具卡展开图

"故事是真实的，还是幻想的？"这一点主要用来辨别故事是真实发生的，还是作者虚构出来的。

"故事发生的场景是什么？"也就是故事发生在什么地方。

"人物是谁？"即整个故事出现的主要人物，以及与主要人物密切相关的人物。

"开始时发生了什么？""中间发生了什么？""结尾发生了什么？"就是故事的起因、经过和结果。老师或家长可以用这种时间词帮助低年级的孩子逐渐建立起因、经过、结果的概念。

在带领二年级学生读《追踪讲故事的帽子》这本书时，我就用这张工具卡梳理出了故事的六个方面：

❖ 这是幻想的故事，是作者创造的故事；

❖ 故事的主要人物是狐狸侦探；

❖ 故事发生在爵士的家和不乐希的家；

❖ 故事开始时是狐狸侦探和爱丽丝一起去爵士家参加幻想小沙龙；

❖ 故事的中间是爵士的幻想帽丢失了，爵士拜托狐狸侦探寻找幻想帽，狐狸侦探知道了这一切都跟不乐希有关，于是决定去不乐希家寻找幻想帽；

❖ 结尾是狐狸侦探通过下水道来到不乐希家，却被不乐希把身体打了一个结，就在狐狸侦探遇到麻烦时，爱丽丝忽然出现并帮助了他，他们一起制伏了不乐希，找回了幻想帽。

故事的大意就是把开始、中间、结尾像串糖葫芦一样串起来，即"狐狸侦探和爱丽丝一起去爵士家参加幻想小沙龙。一天，爵士发现自己的幻想帽丢失了，就拜托狐狸侦探寻找幻想帽。狐狸侦探知道了这一切都跟不乐希有关，于是决定去不乐希家寻找幻想帽。狐狸侦探通过下水道来到不乐希家，却被不乐希把身体打了个结，就在狐狸侦探遇到麻烦时，爱丽丝忽然出现并帮助了他，他们一起制伏了不乐希，找回了幻想帽。"

让低年级的孩子练习简洁的概括，也就是在归纳总结事情的起因、经过、结果时让他们说出：谁干了什么？结果怎么样？只要孩子按照这个句型一次次地练习，他们的概括能力便会日渐精进。

5.1.2　运用表格进行概括

运用表格概括主要内容也是一种常见的方法，前提是领读者在读完一本书后，要充分了解书中的内容，依据自己的分析绘制表格，引导孩子。

（1）按照时间顺序绘制表格

在《飓风》这本书中三个时间段的划分非常清晰，如飓风来临前、飓风来临时、飓风过后。我便根据天气变化厘清故事，分析每个时间段里发生的事，让孩子们运用概括句型进行简洁概括：谁做了什么？结果怎么样了？孩子根据这个表格就可以清楚地讲出：飓风来临前，爸爸在加固门窗，两兄弟在找小猫；飓风来临时，全家一起围坐在壁炉前吃晚餐，晚餐后，两兄弟在床上讨论飓风；飓风过后，他们发现了倒下的一棵大树，于是开始了幻想的探险游戏，但是一天清晨，伐木工人截断了这棵大树，两兄弟很伤心。这样梳理出来后，孩子就可以根据表格呈现的思路，把全书内容讲述得清晰且流畅，如表 5-1 所示。

表 5-1　根据天气变化厘清故事

天气变化	事件（谁做了什么？结果怎么样了？）
飓风来临前	
飓风来临时	
飓风过后	

（2）依据事件 / 困难挑战制作表格

以《鞋子里的盐：迈克尔·乔丹》这本书为例，读过之后，我们可以很明显地读出乔丹在和小伙伴打篮球时遇到了自己个子矮的外在挑战。当他沮丧地回到家时，妈妈看出了他很失落，便为他支招，让他在鞋子里撒上盐，每天进行祈祷。乔丹将信将疑地这么做了，他不再去球场，希望等长高了一些再去。过了些日子，乔丹依旧没有长高，他又陷入了困惑。这时，爸爸出现了，语重心长地对他说了一番鼓励的话。听了爸爸的话，他开心地重回球场。虽然个子没长高，但他信心十足，并最终赢得了比赛。我设计了表 5-2，让孩子们进行梳理。

表 5-2 根据事件梳理故事梗概

遇到什么困难	谁出现	如何帮助他

用表格进行梳理仅是起到梳理事件、了解主要内容的作用吗？当然不是。在梳理出表格，与孩子们讨论了一些话题后，我会再次运用这个表格带领孩子辨别这两个困难的不同。第一个困难是个子矮，是身体上的困难，是暂时不可改变的。

第二个困难是他遇到了问题后灰心丧气，是心理上的困难，是可以通过改变自己的主观意识快速调整的。这样一个简单的表格可以让孩子们懂得乔丹到底要克服什么困难，以及一个人在成长过程中，真正要克服的困难是什么。

（3）按照场景的转换制作表格

一本书中如果转换了多个场景，我们便可以利用场景的转换设计表格。设计出在这个场景中发生了什么事。场景转换即空间的改变，在游记中使用这种方式安排情节比较常见。在《传奇之城》这本书中，小男孩在游历传奇之城时，来到了不同的地方。于是，我设计了"场景转换表"，如表 5-3 所示。利用这张表带领孩子探究小男孩在每个场景中遇到了哪些人，分别发生了哪些事。这个表格在第 4 章已举例说明，在此不再赘述。

表 5-3　场景转换表

场景	人 / 事
刚进门	戴面具的小孩
三人台	
窗口	
喷泉	
吞噬记忆的洞	
灰暗的小广场	

（续表）

场景	人 / 事
怒气囚笼	
空中花园	
接待大厅	

　　表格可以有不同的形式，关键在于领读者对文本的分析，此处仅分享我在指导孩子概括整本书的主要内容时常用的三种表格。在引领孩子阅读的过程中，每个人都能根据自己对故事的理解，制作不同的表格。

5.1.3　运用思维导图进行概括

　　思维导图是人们在梳理思路时非常实用的工具，我在工作或教学中经常使用它。在我看来，绘制思维导图时最重要的就是归纳与分类能力。思维导图以要分析记录的核心为大主题，各个分支考查的就是逻辑分类的能力，各分支再呈现细小的分支，则需要强大的归纳能力。

　　我带领高年级的孩子读《笑读史记》时，先让孩子了解的便是《史记》这部典籍的内容，于是我设计了竖屏思维导图，一边读《笑读史记》的前言，一边让孩子按照思维导图整理《史记》的内容，如图 5-2 所示。在阅读篇幅非常大的图书时，老师或家长便可以利用思维导图帮助孩子理解与记忆图书的内容。

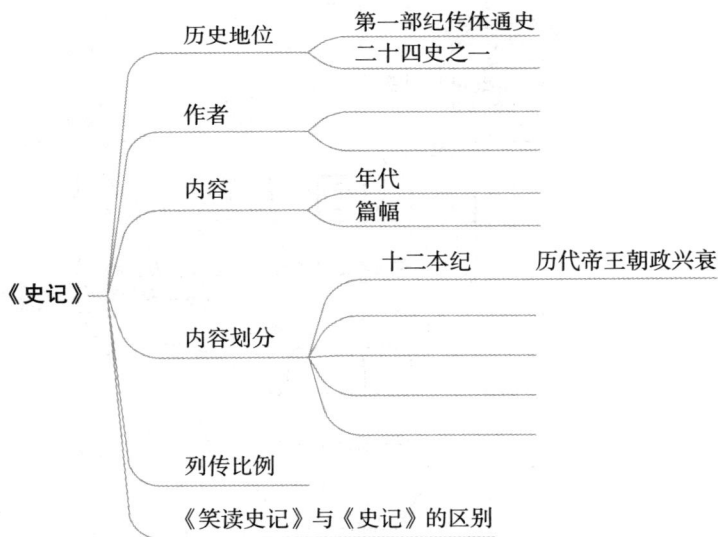

图 5-2 阅读《史记》的思维导图

我认为能熟练运用思维导图的人，其逻辑思维能力是毋庸置疑的，所以老师或家长要从小培养孩子的分类、归纳、概括能力。只要思维足够清晰，上述工具卡、表格都能够转换成思维导图，下面我们一起看看是如何转换的，如图 5-3 至图 5-5 所示。

讲述故事
立方体装配
说明：
（1）沿边缘实线裁剪
（2）沿虚线向内折叠
（3）粘接形成立方体

人物是谁？

故事发生的场景
是什么？

开始时发生了什么？

1

2

中间发生了什么？

故事是真实的，
还是幻想的？

3

结尾发生了什么？

结尾发生了什么

真实vs幻想

中间发生了什么

工具卡

人物

开始发生了什么

场景

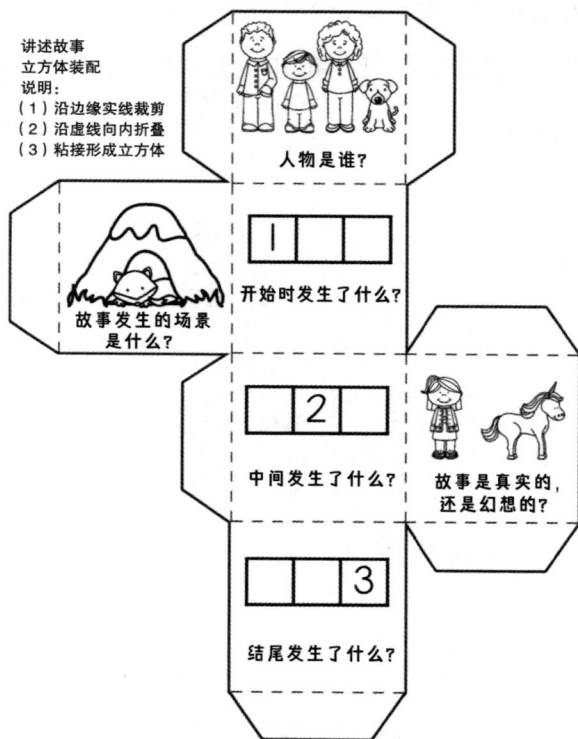

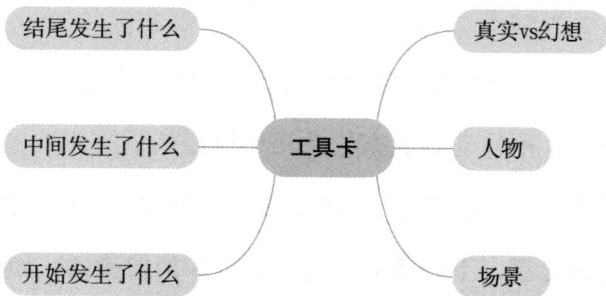

图 5-3　工具卡转换成思维导图

天气变化	事件（谁做了什么？结果怎么样了？）
飓风来临前	
飓风来临时	
飓风过后	

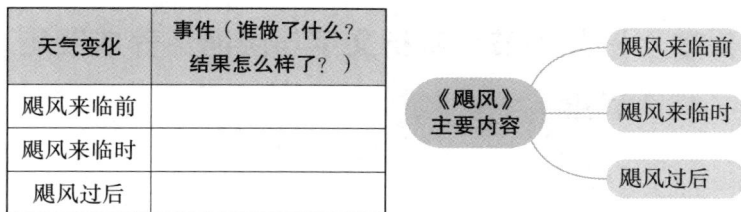

图 5-4　《飓风》表格转换成思维导图

遇到什么困难	谁出现	如何帮助他

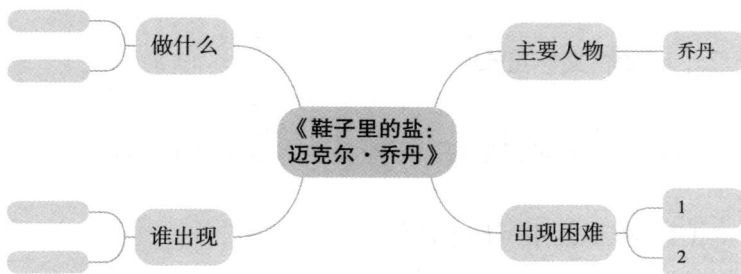

图 5-5　《鞋子里的盐：迈克尔·乔丹》表格转换成思维导图

无论是表格，还是思维导图，都是我们常用的工具。在引导孩子梳理思维时，哪种方式有助于孩子的理解，老师或家长便应采用哪种方式，甚至可以不同的方法交替使用。

5.2 聚焦细节：赏析文字与画面，养成聚焦思维

每当读完一本书，了解整本书的主要内容后，我们就可以从整体向局部聚焦。领读者在阅读一本书后，可以找出一些值得赏析的、精彩生动的文字，引导孩子品味文字之美。如果孩子阅读的是绘本，领读者则可以在品读文字的基础上引导孩子关注画面的细节，发现画面想要传达的意义，感受画面之美。

5.2.1 聚焦文字细节

老师或家长可以聚焦以下几类文字引导孩子品读。

（1）聚焦运用写作手法的文字

作者在写作时经常会使用不同的修辞手法、写作方法等，老师或家长可以把这些文字提炼出来，让孩子学习与练习这些写作手法。

《口袋里的蟋蟀》中有这样一段文字："小溪旁，玉米地的篱笆弯弯曲曲。小杰走向篱笆，听到窸窸窣窣的声音。原

来是一只灰色的蜥蜴正沿着篱笆滑行。他停下来，站着一动不动，傻傻地看着。蜥蜴溜走了，消失不见。小杰攀上篱笆，坐在最上面的横杆上。'沙沙沙'，秋风吹过成熟的玉米林。'唧唧唧'，各种虫子在耳边发出声响。八月的热浪中，还有蝉儿在高鸣。'呜呜呜'，猫头鹰的叫声在昏暗的树林里回响。"我在引导三年级学生阅读本书时摘出这段文字，问孩子们：这段话仅仅是在写小杰吗？还在写什么？是怎么写的？答案可以是作者运用了五感描写法，描写了小杰走在乡间小路上的所见所闻。

在带领五年级学生阅读《坚定的小锡兵》时，我会引导孩子们找一找关于环境描写的句子，并体会环境描写的作用。例如，孩子们找到："突然，小船被水流卷到一块搭在水沟上的长木板下，里面一片漆黑。""这里黑乎乎的，就像我们盒子里面一样。"这样的句子正是在描写小锡兵一路遇到的不同遭遇，烘托出小锡兵的处境极其糟糕，也突出了小锡兵面对困境时的坚定态度。

（2）聚焦突出人物品质的文字

在品读修辞、写作手法之外，孩子对刻画人物的文字也要极其敏感。人物刻画包括动作描写、外貌描写、心理描写、语言描写等。在写人记事的文章中，刻画人物往往是为了突出人物的品质。老师或家长要引导孩子从作者对人物的刻画感受人物的想法，探究人物的特质。

《坚定的小锡兵》中有多处关于小锡兵的动作刻画。例如："可是小锡兵一句话也没有说。他只是把枪握得更紧了。""然而，即使是在那一刻，小锡兵依然笔挺地站着。""他的身体渐渐熔化，即使这样，他依然那么坚定，尽可能笔挺地站着，步枪仍旧扛在肩上。"通过"笔挺地站着""枪握得更紧了"这些描写，孩子可以感受到小锡兵无论遇到哪种困境，都依然坚定，毫不畏惧。《耗子大爷起晚了》这本书中关于人物的刻画也十分丰富，通过穿着写出老多的土里土气，以及老李要把乌龟 005 炖汤喝，与"我"的对话等，让我们可以感受到围绕着颐和园，在不同的人物身上发生的不同故事，每个人物的个性都展现得淋漓尽致。

除了聚焦人物刻画的写法，作者也会运用侧面描写、使用关键词语凸显人物特征。

《雪花人》中有这样的描述："妈妈给他一台旧显微镜，可以观察花瓣、雨滴和叶片，最重要的是，还可以观察雪。

当其他小孩玩堆城堡、扔雪球时，威利却在收集雪花。每个飘雪的日子，他都在研究雪的结晶。"作者描写其他小朋友在玩雪，而对雪花人只写了一句话。从其他小朋友的做法，我们可以了解到了雪花人与其他孩子的不同。他热爱雪，所以放弃了玩雪，而是研究雪。在此，老师或家长可以引导孩子联系自己的生活实际体会"如果是你，很多小朋友在玩雪，你会怎样做？"从而体会雪花人之所以能获得成功，是因为他能够耐得住寂寞，坚持做自己喜欢的事。书中还写道："从十五岁开始，连续三个冬天，他每年都画出上百张的雪花。"老师或家长可以引导孩子通过抓取关键词体会人物的特质。这句话中的关键词就是数量词，如"三个冬天""每年""上百张"，反映了他研究雪花不仅花费的时间长，更以极大的耐心画了一张又一张，写出了雪花人在研究雪花这件事上既刻苦又具有耐心的特质。

在阅读时，孩子要想了解人物的内心世界、精神品质，就要深入研究人物做的事，以及他说的每一句话，甚至他在做一件事时花费的工夫。经典图书中每一个优秀的人物，都是值得孩子学习的典范。让孩子多阅读优秀人物的故事，就是在为他们树立一个个榜样，为他们的灵魂注入优秀的品格。

（3）聚焦蕴含深意的文字

除了关注以上两个方面的文字，老师或家长更要引导孩子关注文本中那些含义深刻的文字，这些文字往往指明了作者想表达的观点、情感及主题。

我强烈推荐六年级以上的学生，甚至成年人都来读一读《鱼骨之歌》。书中金句频出，蕴藏着丰富的人生智慧与哲理。主人公鱼骨养育了一个与他没有血缘关系的男孩，他们生活在山林里，鱼骨教男孩打猎。这本书一共有六支歌，每支歌都是一个故事。

第三支歌"山林是我的课堂"中写道："现在我明白了更多的道理，我懂得了打猎不是为了杀害，打猎是一种观察的过程，在观察中学习的过程，在学习中发现，在发现中了解，在了解中进一步学习。打猎仅仅是为了获得食物，当然也不只是为了这个，它还是一个认识世界的途径，一种做人的方式。做一个猎手。做一个观察家。"老师或家长可以先让孩子说一说这段话的表面含义，也就是打猎的意义。这句话的含义十分深刻，其实是在向我们表明，往往完成一件事并不是我们看到的那样简单，就像挖一口井一样往深处挖便能窥见事件本身的要义。

　　理解这段话的意思后，老师或家长可以引导孩子与自身生活实际相结合，可以这样改：现在我明白了更多的道理，我懂得了学习不是为了（　　），（　　）是一种观察的过程，在观察中学习的过程，在学习中发现，在发现中了解，在了解中进一步学习。（　　）仅仅是为了获得（　　），当然也不只是为了这个，它还是一个认识世界的途径，一种做人的方式。做一个（　　）。做一个（　　）。

　　成年人可以这样进行自我联想：现在我明白了更多的道理，我懂得了工作不是为了（　　），（　　）是一种观察的过程，在观察中学习的过程，在学习中发现，在发现中了解，在了解中进一步学习。（　　）仅仅是为了获得（　　），当然也不只是为了这个，它还是一个认识世界的途径，一种做人的方式。做一个（　　）。做一个（　　）。

　　甚至我们可以对中间的部分再进行发散性的挖空，让孩子的自我思考更加宽广一些，现在我明白了更多的道理，我懂得了（　　）不是为了（　　），（　　）是一种（　　）的过程，在（　　）中（　　）的过程，在（　　）中（　　），在（　　）中（　　），在（　　）中进一步

（　　）。（　　　）仅仅是为了获得（　　　），当然也不只是为了这个，它还是一个认识世界的途径，一种做人的方式。做一个（　　　）。做一个（　　　）。

作为教师，我可以这样思考：现在我明白了更多的道理，我懂得了（教育）不是为了（只教人知识），（教育）是一种（探索生命本质）的过程，在（探索生命本质）中（发现自我）的过程，在（发现自我）中（自我成长），在（自我成长）中（不断探索），在（不断探索）中进一步（成长）。（教育）仅仅是为了获得（成长），当然也不只是为了这个，它还是一个认识世界的途径，一种思考的方式。做一个（教育家）。做一个（生命探索者）。

通过这样的转化思考练习，让孩子能够由表及里地探究事物的本质，而不是只读了文字而已。

书中还有这样一句话："去了解，去学习，去看，去听，去感知，去洞察目力所及的世间万物。"这句话的表面意思非常简单，关键就在于要联系生活实际去体会这句话。在自己的生活中，我们要了解、学习、感知和去看、听世间一切。我们在指导孩子理解一句话时，不能只停留在读一读、记一记的层面，而是要让阅读为我所用，把对语言文字的理解运用到现实生活中。

书中含义深刻的句子，既可以影响读者思维的深度，也可以成为读者的行动指南，更可以成为读者一生追寻的信仰。

5.2.2　聚焦画面细节

培养孩子的聚焦思维，不仅要教会他们聚焦文字，更要让他们懂得欣赏书中的插画，读懂画面要传达的细节。

（1）聚焦无字的画面

无字书是开发儿童观察能力、想象能力、表达能力的最佳读本，更是小学低年级学生进行写作练习的绝佳资源。成年人切忌按照自己的理解引导孩子，这样做是在用成年人的理解取代儿童的理解。

在多年的教学实践中，我运用以下三个步骤引导孩子聚焦无字的画面。

第一步，观察画面。

观察画面时，老师或家长要引导孩子观察画面上有的与画面上没有的细节。大家可以参考表 5-4。

表 5-4　观察画面的细节

观察方面	思考方向
画面有 （看得到的）	人或事物：谁 地点：在哪儿 事件：做什么 表情：人物的状态
画面无 （看不到的）	人物语言：说了什么 人物想法：想了什么

在引导孩子时，老师或家长可以选择无字书中的一幅画进行重点观察。在这幅画上，你看到的人或事物都有谁？在哪里？他们正在做什么？表情怎么样？一年级的孩子只要能观察到这几步并写出一两句话，就已经达到《标准》对孩子的要求了。如果希望孩子表达得更加丰富，文字更加生动，老师或家长可以提出这几个问题：人物做了什么事情？是怎么做的？重点让孩子观察人物的动作，说出动词。使用动词是让故事生动起来的前提。

无字书犹如一部默剧，即使人物不说话，观众也能理解作者要表达的内容。无字书上的人物，便是"纸上演员"在演绎着一出精彩的戏剧。

第二步，想象揣摩。

观察了动作之后，老师或家长就要引导孩子想象、揣摩画面上看不到的内容：人物可能会说些什么？可能会想些什么？让孩子尽情想象和表达。

第三步，转换场景。

一般情况下，随着翻页，绘本上会出现场景的转换。在遇到场景转换时，孩子运用转换衔接词，直接转换到下一个场景就可以了。

《疯狂星期二》的画面如图 5-6 所示，《兔子和树的奇幻之旅》的画面如图 5-7 所示。我用同一张表格（见表 5-5）分析这两个画面，让大家清晰地了解以上三个步骤是如何落地的。

图 5-6　《疯狂星期二》的画面

图 5-7 《兔子和树的奇幻之旅》的画面

表 5-5 聚焦无字画面的三个步骤

观察画面		《疯狂星期二》	《兔子和树的奇幻之旅》
观察内容	画面有（观察）	人或事物：青蛙、乌龟、小鱼、荷花、木桩、月亮 地点：池塘、空中 事件：青蛙飞、乌龟缩进壳里、小鱼吐泡泡 表情：吃惊	人或事物：兔子、树、火车 地点：铁轨、海洋 事件：火车开到了一条断掉的铁轨上，兔子坐在铁轨尽头 表情：树瞪着眼睛，兔子若有所思
	画面无（想象揣摩）	人物语言： 一只青蛙："大家加速飞呀！" 人物想法： 乌龟想：我的天呀，青蛙居然飞起来了？ 小鱼十分纳闷：发生了什么？从来没见过这种场景	人物语言： 树："嘿！兔子，你快想想我们该怎么办？" 人物想法： 兔子想：下面就是波涛汹涌的大海，怎么才能过去呢？对了，变成一艘船！

（续表）

观察画面	《疯狂星期二》	《兔子和树的奇幻之旅》
场景转换	空中飞	在铁轨上火车头开呀开→铁轨尽头
转换词	突然、只见、飞着飞着……	开着开着、突然……

根据表 5-5，孩子能够按照"画面有"与"画面无"描述《疯狂星期二》与《兔子和树的奇幻之旅》，先讲出单幅图，然后按照同样的方法讲述其他画面即可。如果要组织整个故事的画面，只要注意在场景转换时运用一些衔接词语即可。引导孩子时，老师或家长无须画出这种表格，可以利用便利贴在页面贴上孩子观察到的内容，记录一下即可。

（2）聚焦对文字进行补充的画面

有些绘本既有文字，又有画面。这时，老师或家长应该怎样引导孩子观察画面呢？让孩子认真观察绘本的每一页，格外注意那些文字写得极其简单，但画面内容十分丰富的页面，可以引导孩子展开丰富的想象。

在《穿内裤的狼·狼的真相》这本书中，森林里的小动物都在为防狼做着准备，画面内容极其丰富。但不同的小动

物在做什么，只有寥寥数字，如图 5-8 所示。这样的画面值
得我们仔细观察。那么，如何引导孩子进行表达呢？依然运
用画面有、画面无的方法。

观察几幅图后，你便会发现，观察无字书的方法就是观
察画面的方法，这是我摸索出来的一通百通的底层逻辑。这
个画面上有这么多的小动物，老师或家长可以让孩子重点选
择 3 个动物说一说，并运用衔接词把这 3 只小动物串联在一
起，这个画面的故事就讲述出来了。

（3）聚焦升华主题的画面

有些书中，插画是点睛之笔，为突出故事的主题发挥着
重要的作用。例如，《美杜莎妈妈》这本书中，美杜莎用自己
的头发保护女儿，不让任何人触碰她的女儿，女儿在她的头
发里玩耍、学习。画面中美杜莎的头发一直捆绑着女儿，读
者感受到那种被约束，甚至窒息的母爱。但随着女儿的长大，
女儿渴望到外面的世界与小朋友一起玩耍、学习。美杜莎终
于同意让女儿去学校学习，但女儿却不让她接送，因为女儿
担心她会吓到自己的同学们。美杜莎为了能够接女儿放学，
不让同学们害怕她，她剪掉了捆绑着女儿的头发。从表面上

图 5-8 《穿内裤的狼·狼的真相》的内页①

---

① 图片摘自南京大学出版社出版的图书《穿内裤的狼·狼的真相》。

看，剪掉头发的行为好像是怕吓到女儿的同学，实际上是美杜莎爱女儿方式的一种觉醒。她认识到原来那种捆绑式的爱让女儿不舒服，不是女儿想要的，便决定放手，按照女儿喜欢的方式与女儿相处。

看似一本简单的绘本，却通过画面表达了母爱的不同样貌，时刻提醒着每一位母亲该用何种方式爱自己的孩子。

5.3 ✧ 话题讨论：将思维引向广度与深度

阅读的第三步是以这本书的内容为蓝本，与文本、作者进行深度沟通。孩子在阅读的过程中，与老师或家长一起讨论书中的人物、事件。因此，成年人提出的问题直接影响着孩子的思维向广度与深度发展。

5.3.1 通过讨论发展思维的广度

思维的广度是指多角度、多层面、多领域地思考一个问题，不被一种认识局限。

　　老师或家长在引导孩子时，可以多问几个 WHAT（什么）与 HOW（怎么，表示方式或方法）。在《去郊游：我们的自然探索之旅》这本书中，三个小朋友一起去郊游，在郊外看植物、赏美景。雷恩在速写本上写写、画画，记录自己一路上的见闻。老师或家长是不是可以引导孩子运用雷恩的方法记录自己郊游时的发现与见闻（见图 5-9）？于是，我便提出：如果你也有速写本，在郊游时，你会记录什么？

图 5-9　《去郊游：我们的自然探索之旅》的内页 [①]

---

① 图片摘自二十一世纪出版社集团出版的图书《去郊游：我们的自然探索之旅》。

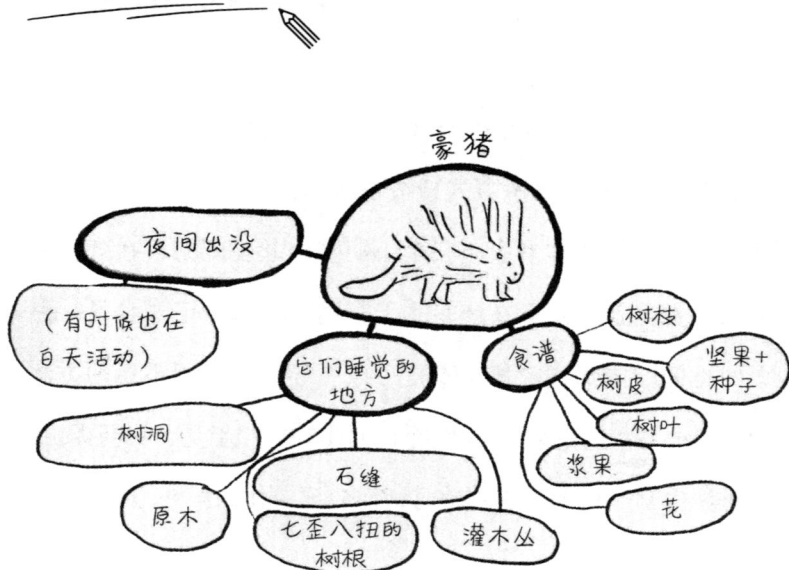

图 5-9 《去郊游：我们的自然探索之旅》的内页（续）

在与四年级学生共读《雪花人》时，我向孩子们提问：雪花人遇到困难时，他是怎么做的？他是怎样面对邻居质疑的？当你的爱好与众不同，有人质疑你时，你会怎么做？通过这一系列问题，让学生由人及己，思考在未来的生活中，当自己遇到挫折甚至遭人非议时，如何找到面对挫折的办法，培养自己稳定、强大的内核。阅读一本书，不只是在读故事中的人物，更是让孩子明白要做自己人生故事的主角。

老师或家长也可以尝试问孩子一些具有选择性的问题。在读《捣蛋鬼的英雄冒险》这本书时，故事结尾，曾经的捣蛋鬼赫克托和朋友一起抓住了盗贼，被社区表彰。我让孩子们思考："如果是你，你会去捉盗贼吗？"有的孩子说："我不会去，小朋友抓盗贼太危险了，我可以向警察提供信息，让警察去，或者跟着警察叔叔一起去。"有的孩子说："我会去，因为作为城市的一分子，我有责任守护城市的安全。"每一个孩子对同一个问题都有自己不同的见解，正是这种共读的氛围让孩子们在讨论中互相影响着、启迪着彼此的思维。

5.3.2　通过讨论，发展思维的深度

思维的深度是指对一个问题或领域进行深入思考，透过现象看到本质。

快速引领孩子的思维走向深度的提问方法就是多问 WHY（为什么）。例如，在《飓风》这本书中，伐木工人截断了倒下的树，大卫说那棵树是"我们的树"。我便提出问题：大卫为什么说那棵树是"我们的树"？为什么大卫这辈子还从来没有这么委屈过？孩子们会说，这是因为他和哥哥在这棵树上玩探险游戏，已经把这棵树当作他们的玩具，甚至是他们

各自的梦想了。伐木工人不仅是截断了一棵树，而且是把大卫认为属于自己的玩具、梦想悄无声息地拿走了。主人公说的一句简单的话，背后却满载着孩子的梦想，只有引导孩子深入探究原因，他们的情绪才会被看到。

在《好奇花园》这本书中，小莱通过自己的努力让原本暗淡无光的城市拥有了色彩，城市中也陆续出现了很多新园丁。但书的最后提到："很多年过去了，整座城市已是草木葱茏，生机盎然。但在所有的新花园中，小莱最喜欢的，还是这一切最初开始的地方。"我们则可以提问：为什么小莱最喜欢最初开始的地方？孩子们会谈到，因为废弃的铁轨那里是小莱亲手把奄奄一息的植物变成生机勃勃的地方，他对那里是有感情的，那里是他成为园丁的起点。问这个问题的意义在于，当我们做了一件事很久之后，便会忘记自己的初心，要让孩子们经常提醒自己做人、做事莫忘初心，方得始终。我们也可以针对书名来提问：为什么这本书叫《好奇花园》？因为整个故事都是从小莱的好奇开始的，好奇地走到楼梯井入口，好奇上面会有什么等待着他；爬上楼梯后看到废旧的铁轨，好奇地沿着铁轨去探险，最终他看到了一片荒凉；凋敝的植物需要一位园丁，于是他开始摸索着成为一名园丁。往往让人开始行动的动力正是好奇心，仅是一个针对书名的提问，却可以启发孩子的好奇心，让他们踏上未知的旅程，一路探险，一路收获。

随着对阅读教学研究的深入，我越来越发现问题无好坏。但成年人的理解、认知、经验与阅历会影响到思考的纵深，老师或家长对一本书思考的广度与深度直接关系到孩子们思维提升的质量。因此，正如《鱼骨之歌》中写到的，成年人要多拓展自己的边界，目之所及都是人生的组成部分。

5.4 评价与质疑：从不同角度进行批判思维培养

在整体感知、聚焦细节、话题讨论之后，便要引导读者对书中的内容进行批判性思考。在讲 PIRLS 四层次时，最后一个层次也谈到了批判性思考。在阅读整本书时，我们把培养孩子的批判性思维安排在最后这一步。作为领读者，老师或家长可以在哪些方面引导孩子进行批判呢？

5.4.1　评价人物或地方

　　每一本书中的人物都是个性鲜明的、立体的，甚至一本书中存在多个人物，以及复杂的人物关系。每次读完一本书，老师或家长可以让孩子谈一谈他对人物的看法，评价一下人物。评价人物也是应试测试中经常出现的题目。测试题会这样呈现：×× 是一个什么样的人？你是从哪里看出来的？说出你的依据。

　　在带领二年级学生阅读《飞过四季的鸟儿》后，我会问孩子们：你最喜欢哪只鸟，为什么？孩子们会根据书的内容说出自己的见解。在提出这个问题之前，我们研读过胆小的欧斑鸠为什么会在无人注视的地方唱歌。有的孩子记住了这只小鸟，便会说自己喜欢欧斑鸠，因为胆子小，不敢在人多的地方唱歌，即使这样它也依然要唱歌，做自己喜欢的事情，不用过多在意他人的眼光。

　　在带领三年级学生阅读《和家人一起逛巴黎》时，讨论接近尾声，我会问孩子们：巴黎是一座什么样的城市？孩子们能够在书中找出一些形容巴黎的词语，也有一些经过品读后自己的感受。他们感受到巴黎是一座时尚的城市，是一座包容的城市，是一座悠闲的城市。在孩子们发言时，老师一定要让他们说出这样说的依据，就是要在文字或画面中找到佐证。

在与三年级学生共读《好奇花园》时，我提出问题："这座城市改变的仅仅是环境吗？"孩子们说出了改变的不仅是环境，还有人们的生活方式，之前城市死气沉沉的，大家总是待在家里，现在环境变了，人们都愿意出来散步、玩耍了，让城市更具生机。正是因为人们都愿意当园丁，才会带来城市环境的改变，与大家愿意付出的心意密不可分。

在带着孩子们评价每一个人物时，看似孩子们在评价他人，实则他们也在反思自我的品格。见众生，知自我，便是阅读的奥妙所在！

5.4.2　评价事件

要想引导孩子进行批判性思考，老师或家长还可以根据书中人物的做法及事件，让孩子表达自己的观点。

在读完《动物请回答：你怎么出生的？》这本书后，我会问孩子们：让你觉得最不可思议的是哪些小动物的出生？

孩子们一下打开了话匣子。有的说海马的出生最不可思议，它们居然是爸爸生出来的，我以前认为只有妈妈才能生宝宝；还有的说雌性螽斯会排出一百多枚卵，它们一出生就已经像成虫的模样了，与其他昆虫不一样，它们的幼虫需要经历六至七次的蜕变才能达到成虫的大小，真是很不容易。由此可见，孩子们能从这一本书中见识到动物不同的出生方式、养育方式。

《战地厨子和半个小兵》主要讲的是战争的残酷，以及带给人们的伤害。因此，我设计了这样一个问题：长年累月的战争到底消耗的是什么？经过思考，孩子们认识到战争消耗的是人，是财，更是老百姓平静的日子，让他们被迫与家人分离，不得不忍受枪林弹雨，最终都是在消耗一个国家的综合力量。

在共读《鱼骨之歌》时，我问孩子们：你喜欢这种山居生活吗？有的孩子说喜欢这种山居生活，可以打猎捕鱼，能够回归大自然，感觉很有趣。但如果长时间居住，自己还是认为城市更适合居住，因为各种资源比较丰富。

老师带领孩子们讨论整本书时，常常会带有成年人的主观色彩，尤其是这种主观题，容易把自己的共鸣设计成符合孩子年龄特点的问题，所以主观题十分令家长头疼。因为那些题目都是出题人内心想与孩子探讨的，与我们课外阅读整本书的讨论不同。与孩子探讨一本书是没有标准答案的，只要根据书中的内容谈自己的感受即可。而应试测试中是一定要出现标准答案的，孩子要按标准答案作答。这也是为什么读了很多书的孩子在应试测试中未必能取得好成绩。

5.4.3 感悟主题与情感

在阅读整本书时，作者表达的情感与想要突出的主题也是读者要深度思考的方向。

在与二年级学生共读《飞过四季的鸟儿》这本书时，我提出问题：苹果树对鸟儿仅仅是一棵能栖息的树吗？让孩子们以更加宽广的视角思考这棵苹果树对于鸟儿们的意义。孩子们说出：这棵苹果树是鸟儿的舞台，是鸟儿的家园，是鸟儿的粮仓，是鸟儿的游乐场等。

《耗子大爷起晚了》是作家叶广芩写的第一部儿童文学作品，以颐和园为主要场景，用京味语言写出了主人公丫丫在颐和园里遇到的人和事。在与五年级学生共读到最后，我提出两个问题：作者为什么要以颐和园为场景，写这样一本书？作者为什么要在书中写不同的人？这两个问题都是从作者的情感出发的，作者小时候生活在颐和园，这个故事仿佛是她童年生活的缩影，故事是作者的回忆与情感寄托。孩子们这样回答：作者最快乐的童年是在颐和园度过的，颐和园代表她的童年。这本书不仅写出了作者对颐和园的喜爱，更是作者对童年往事的回忆。不同的人运用不同的视角看颐和园，把颐和园的精彩之处通过不同的人展现出来，这些人物对她的童年可能有着深刻的影响，抒发了作者对童年时光的深情怀念。

在引导孩子走向深度阅读时，老师或家长不仅要做到聚焦细节，更要引领孩子从局部视角上升至全局视角进行通篇阅读。

这便是老师与孩子进行整本书的深度共读的教学步骤，但每一步骤会因为文本的分析解读不同而设计出不同的提问，关键是基于对整本书的分析不断提升提问技巧。

家长也可以按照这 4 个步骤进行操作，有意识地与孩子一起积极、愉悦地讨论一本书。

第 6 章

实例指导，提升你的阅读力

本章选取了不同的图书作为阅读蓝本，每个学段选取了3本书，运用第5章提到的4个步骤，打造整本书深度阅读的闭环。

6.1 ✧ 第一学段（1～2 年级）的阅读 4 步走

6.1.1　这样读绘本《迈克捡到一个词》

图书名称：《迈克捡到一个词》

图书类型：虚构类

适读年级： 2 年级

图书内容：迈克是一个喜欢收集词语的小男孩，他在不同的地方收集各种各样的词语。有一天，他收集了一个不文明的词语，并且把这个词语带到了学校。在课间休息时，迈克说出了那个词语，被老师发现了。老师想了一个办法，帮助他忘掉了那个不文明的词语。

⭐ **提升阅读力的具体步骤** 👇

第 1 步，整体感知。

（1）迈克从哪些地方捡词语，如图 6-1 所示。

图 6-1　迈克捡词语的地方

（2）迈克捡了什么样的词语，如图 6-2 所示。

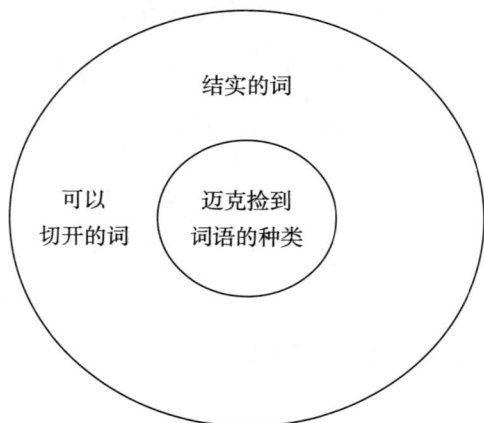

图 6-2　迈克捡到词语的种类

（3）他把捡来的词语放在了哪里？

（4）根据工具卡说一说：这本书讲了一个什么故事，如图 6-3 所示。

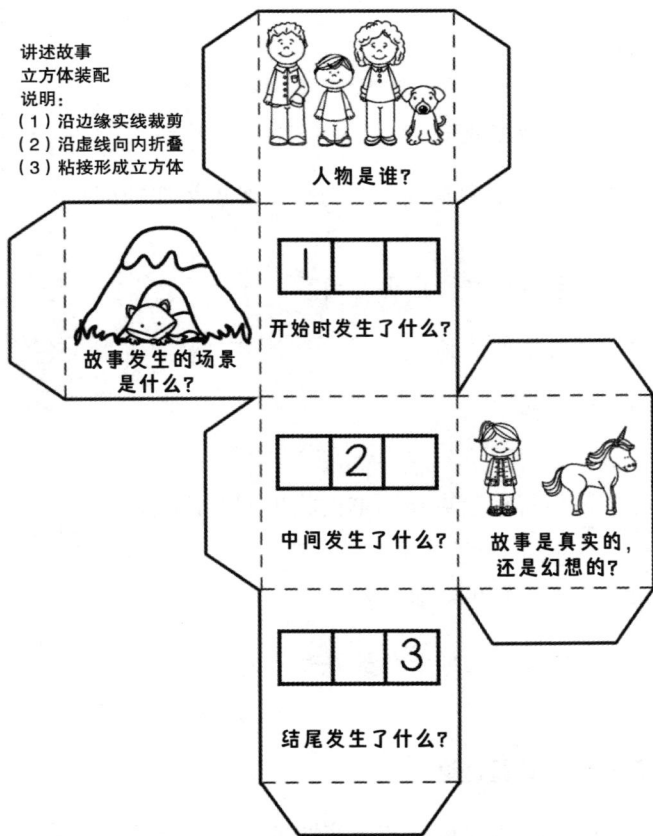

图 6-3　《迈克捡到一个词》的工具卡

❖ 开始时发生了什么？

❖ 中间发生了什么？

❖ 结尾发生了什么？

试着把开始、中间、结尾像串糖葫芦一样串起来，就得出故事内容了。

第 2 步，聚焦细节。

（1）你能从书中找到几个与下面要求类似的词吗？

❖ 很难从门口搬出去的词。

❖ 可以切开的词。

❖ 结实的词。

（2）请你观察迈克在图书馆收集词的几幅画面。

❖ 你能找到错别字吗？

❖ 你发现这些词语与画面有什么关系吗？

第 3 步，话题讨论。

（1）聊一聊迈克捡到的不文明词语，如表 6-1 所示。

表 6-1　迈克捡到的不文明词语

不文明词	
哪里捡到的	
哪里听到的	
带到了哪里	
这个词最终去了哪里	

（2）为什么迈克已经觉得那个词不好，但是还有点喜欢它？

（3）为什么迈克明明知道这是一个不文明的词，却依然拿给同学们看？

（4）为什么迈克可以一口气找 2 小时 45 分钟的新词？

（5）是谁引导迈克忘记了那个不文明的词？

（6）阅读游戏——找一找。

❖ 书中有争吵的词吗？

❖ 书中出现气球了吗？

❖ 书中有炸药吗？

❖ 书中有米饭吗？

❖ 书中有立方体吗？

❖ 书中有脆弱吗？

第 4 步，评价与质疑。

（1）你觉得迈克捡词语和你收集词语有什么不一样的地方吗？

（2）你喜欢或不喜欢书中的谁？为什么？

（3）生活中，如果你身边的人在说不文明的词，你该怎么办呢？

6.1.2　这样读科普书《飞过四季的鸟儿》

图书名称：《飞过四季的鸟儿》

图书类型： 非虚构类

适读年级： 2 年级

图书内容： 一年有 52 周，每周都会有一种新的鸟儿落在一棵苹果树的树枝上觅食、唱歌、求偶……四季变化，鸟儿归去来，苹果树一年又一年地开花结果。

⭐ **提升阅读力的具体步骤** 👇

第 1 步，整体感知。

（1）这本书中真的有 52 种鸟吗？你试着数一数吧！

（2）鸟儿经历了几个季节？

（3）书中最重要的除了鸟，还有什么吗？

（4）选出 5 种鸟，说一说、记一记它们平时的生活习惯，并谈一谈自己的想法，如表 6-2 所示。

表 6-2　关于鸟的记录

鸟的名称	生活习惯	我的想法
欧亚鸲	它时常待在这儿，哼上几首小曲	它活得很快乐呀

（5）绘制苹果树生长流程图，方法如下。

❖　找到描写苹果树的句子，读一读。

❖　一边读，一边思考：这句话在写什么？

❖　圈出关于苹果树生长的关键词。

❖　绘制流程图。

第 2 步，聚焦细节。

聚焦文字

（1）"周围什么鸟也没有，胆小的欧斑鸠趁机出来，在无人注视的地方咕咕唱起歌来。"

- ❖ 无人注视是什么意思？
- ❖ 为什么它要在无人注视的地方唱歌？（联系上下文读一读）
- ❖ 既然无人注视，那为什么也要唱歌？

（2）"五月快结束了，苹果花还没有全部结果。有些花永远不会结果，而有些已经变成了小果实，即将长大。"

不会结果的花会因为自己不会结果而不开放了吗？会因为自己不会结果而不开心吗？

聚焦画面

（1）观察画面，说一说鸟儿的样子。

- ❖ 以朱雀为例进行观察，如表 6-3 所示。

表 6-3 朱雀的样子

观察部位	样子
羽毛	全身布满红色的羽毛
翅膀	
嘴	
爪子	
……	

❖ 请自选一种鸟儿，说一说它的样子。

（2）一开始，苹果树的画面是什么样的？最后，苹果树的画面又是什么样的？作者为什么会这样画呢？

第 3 步，话题讨论。

（1）毛毛虫为什么慢慢地向上蠕动？你猜测一下黑顶林莺看见它了吗？

（2）黑啄木鸟的雏鸟是怎么学会捕食的？

（3）为什么金翅鸟会留在苹果树上过冬？

第 4 步，评价与质疑。

（1）你喜欢哪只鸟？为什么？根据图文说依据。

（2）这棵苹果树对鸟儿们有什么用？

（3）苹果树对鸟儿们来说仅是一棵能栖息的树吗？

6.1.3　这样读桥梁书《追踪讲故事的帽子》

图书名称:《追踪讲故事的帽子》

图书类型: 虚构类

适读年级: 2 年级

扫描二维码
观看精讲视频

　　图书内容: 狐狸侦探杰克与爱丽丝去参加幻想家的沙龙。后来，幻想家的帽子丢了，委托杰克帮他寻找幻想帽。杰克穿着鳗鱼服经过下水道来到不乐希的家，不乐希把杰克的身体打了个结。后来，爱丽丝赶到，与杰克一起打败了不乐希，找回了幻想帽。

⭐ **提升阅读力的具体步骤** 👈

　　第 1 步，整体感知。

　　这本书讲了什么事？

　　（1）开始时刻：谁干了什么，结果怎样了？

　　（2）中间时段：谁干了什么，结果怎样了？

　　（3）最后时刻：谁干了什么，结果怎样了？

第 2 步，聚焦细节——聚焦文字。

（1）爵士面对一片狼藉的家时，心情是怎样的？

（2）爵士面对帽子丢失，又是怎样的心情？

（3）爵士家为什么会有这种变化？

第 3 步，话题讨论。

（1）为了破案，狐狸侦探拿了哪些装备？

（2）幻想帽为什么对爵士来说如此重要？

（3）杰克是如何打开不乐希家的百叶帘的？

（4）不乐希的计划到底是什么？

（5）如果不乐希的计划成功了，那将意味着什么？

（6）杰克来到不乐希家后，遇到了哪些麻烦？这些麻烦是如何解决的？

第 4 步，评价与质疑。

（1）杰克和爱丽丝能够帮助爵士找回幻想帽到底依靠的是什么？

（2）你最喜欢故事中的哪个人物？为什么？

（3）你最喜欢书中的哪个部分？（插画 / 情节）

6.2 第二学段（3～4 年级）的阅读 4 步走

6.2.1　这样读绘本《穿内裤的狼·狼的真相》

图书名称:《穿内裤的狼·狼的真相》

图书类型: 虚构类

适读年级: 3 年级

扫描二维码
观看精讲视频

图书内容: 一天，森林里丢了 3 只小猪，动物们都认为是狼吃了小猪。每个小动物都害怕会嚎叫的狼，它们听说狼很可怕，都在为防狼做准备……有一天，狼真的下山了，却和它们想象中的不一样，没有恐怖的目光，没有可怕的嚎叫，身上还穿着一条小内裤。这到底是怎么回事呢？

⭐ **提升阅读力的具体步骤**

第 1 步，整体感知。

这本书讲了什么事？

（1）开始时刻：谁干了什么，结果怎么样了？

（2）中间时段：谁干了什么，结果怎么样了？

（3）最后时刻：谁干了什么，结果怎么样了？

第 2 步，聚焦细节。

聚焦画面

（1）观察图 6-4，说一说森林里的动物为了防狼都做了哪些事？

（2）森林里的动物们见到狼以后是什么反应？

聚焦文字

（1）"唉，这可真是场灾难啊！"

❖ 这句话中的"这"指的是什么？

❖ 联系上下文理解，为什么森林里的动物认为这是一场灾难？

（2）"抱歉啦，也许除了害怕，生活中还有很多值得关注的事吧？"

❖ 穿内裤的狼口中的"害怕"指的是什么？

❖ 你认为会有哪些事是值得关注的事？

第 3 步，话题讨论。

（1）一开始森林里的动物是如何看待狼的？后来见到的

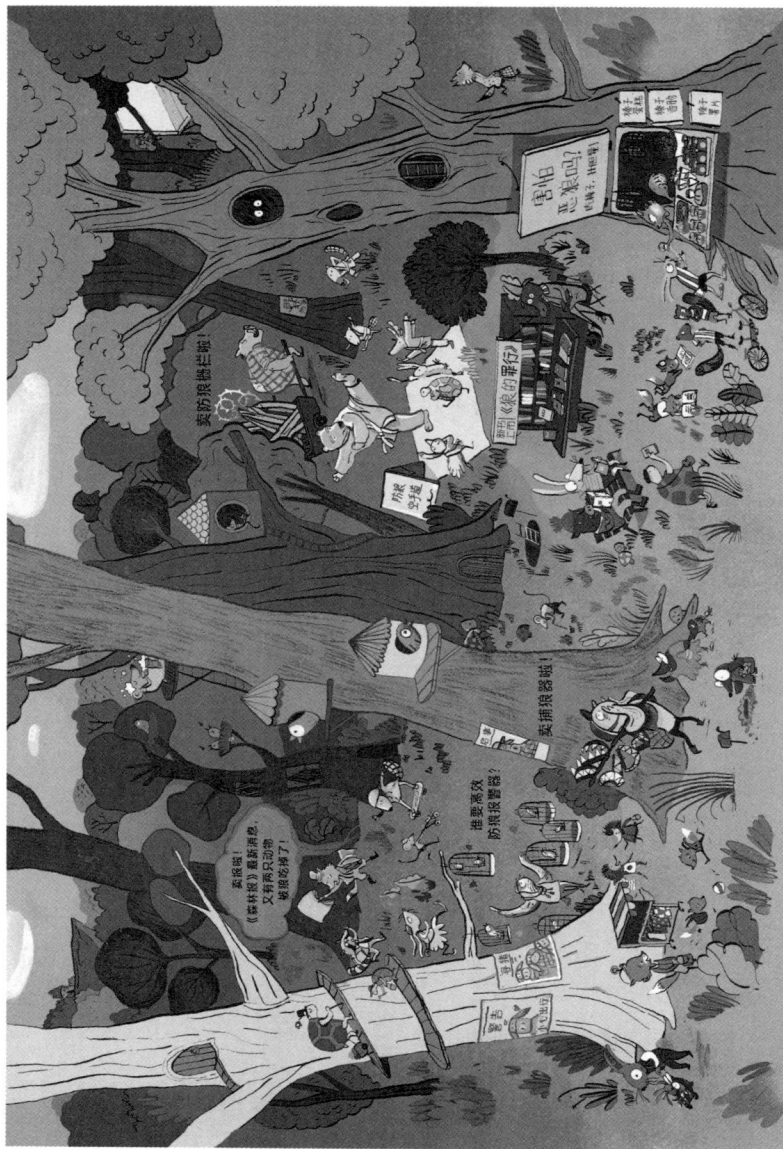

图 6-4 《穿内裤的狼·狼的真相》的内页

狼是什么样的？

（2）你觉得是谁让森林里的动物都害怕狼呢？

（3）是什么原因让狼变得可怕的？又是什么原因让这种看法有所改变的？

（4）森林里的动物知道狼不可怕后，对他们有什么影响吗？

第4步，评价与质疑。

（1）你如何看待"害怕"？

❖ "害怕"的事真的存在吗？

❖ 是什么让你感到"害怕"？

❖ 面对"害怕"可以怎么做？

先让孩子们充分表达，然后成人视孩子的情况，可以一层层引导孩子进行思考。

（2）请评价一下书中的人物，你喜欢/不喜欢谁？为什么？（狼、猫头鹰奶奶、松鼠……）

（3）你觉得这本书只是在讲狼的事吗？对你有什么启发？

6.2.2　这样读漫画书《阿布卡克斯历险记1：在古希腊》

扫描二维码
观看精讲视频

图书名称:《阿布卡克斯历险记1：在古希腊》

图书类型: 虚构类

适读年级: 4 年级

图书内容: 阿布卡克斯三兄弟组合被火山喷发的气流带到了古希腊。在古希腊，他们遇到了很多挑战，经历了一场场冒险；他们一起智斗鲨鱼，帮助他人。每一场冒险都蕴藏着智慧与勇气。

⭐ **提升阅读力的具体步骤** 👉

特别说明: 本书章节多，老师或家长在与孩子深度共读时可以聚焦其中几个章节。提升阅读力的 4 个步骤有细微调整。

第 1 步，整体感知。

这本书讲了什么？

（1）梳理三个主人公经历了什么？

（2）他们遇到了哪些有趣的人？

❖　希腊历史名人、希腊神话人物。

❖　苏格拉底是何许人？伯里克利是谁？菲狄亚斯是做

什么的?

（3）历险记：他们游历了希腊的哪些地方?

（4）两个派别：正义、邪恶。你能找出每个派别的代表吗?

（5）如何做到快速阅读：阅读章节提示。

第 2 步，聚焦 2 个章节。

摘选章节 1：《在矿井里消失》

（1）整体感知

❖　起因：谁做了什么，结果怎么样?

❖　经过：谁做了什么，结果怎么样?

❖　结果：谁做了什么，结果怎么样?

（2）话题讨论

❖　菲丝玛赫斯为什么担心自己的处境?

❖　菲丝玛赫斯是怎样处理阿克斯的?

❖　为什么克勒翁要指控菲狄亚斯偷盗?

❖　阿克斯是失踪了，还是逃走了，你是从哪里看出来的?

❖　为什么舰队是雅典的骄傲?

❖　雅典在哪方面比较突出?

（3）评价与质疑

可以评价《在矿井里消失》故事中的任何一个人物，找到他们做的事。

摘选章节 2：《勿戏鲨鱼》

（1）整体感知

❖ 起因：谁做了什么，结果怎么样？

❖ 经过：谁做了什么，结果怎么样？

❖ 结果：谁做了什么，结果怎么样？

（2）话题讨论

❖ 他们为什么要去奥林匹亚？

❖ 他们一路上总是很匆忙，为什么？

❖ 他们想出什么办法加快了船的速度？

❖ 艾生气三兄弟为什么会帮助阿布卡克斯组合？

❖ 他们遇到了什么大麻烦？最终是如何解决的？

❖ 他们的成功离不开什么？成功总是伴随着什么？

（3）评价与质疑

可以评价《勿戏鲨鱼》故事中的任何一个人物，找到他们做的事。

第 3 步，整本书话题讨论。

（1）他们为什么要一次次冒险？

（2）他们在古希腊的冒险收获了什么？

第 4 步，整本书评价与质疑。

（1）三个小伙伴的情谊如何？

（2）三兄弟中每个人都有什么特点？分别从哪里看出来的？

外貌特点与内在品质如表 6-4 所示。

表 6-4　《勿戏鲨鱼》中的三个人物及其特质

人物	外貌特点	人物品质	具体事例
阿克斯			
卡克斯			
布克斯			

6.2.3　这样读科普书《小小发明家手册：让你成为天才发明家的实用指南》

图书名称：《小小发明家手册：让你成为天才发明家的实用指南》

扫描二维码
观看精讲视频

图书类型： 非虚构类

适读年级： 4 年级

图书内容： 这是一本成为发明家的指导手册，书中充满了奇思妙想，它可以引导孩子发现问题，激发更多创意和灵感，提高解决问题的能力；还可以引导孩子从生活入手，成为问题发现者，学会联系各种想法，从而呈现自己的创意，甚至将想法变成发明……每个章节都有丰富的指导性，鼓励孩子们动起来，成为小小发明家。

⭐ **提升阅读力的具体步骤** 👉

第 1 步，整体感知。

关于发明创造，我的 KWL 如表 6-5 所示。

表 6-5 《小小发明家手册：让你成为天才发明家的实用指南》的 KWL

Know（我知道的）	Want（我想知道的）	Learn（我学到的）

第 2 步，聚焦细节——聚焦画面。

（1）画面 1

❖ 阅读图书第 22 页，让想法冒泡泡，观察画面，发现足球奶昔制造器是如何发明的？

❖ 让自己的想法冒个泡吧：你有哪些想法，把这些想法画出来，再把它们结合起来，看看会产生哪些奇妙的创意（见图 6-5）？

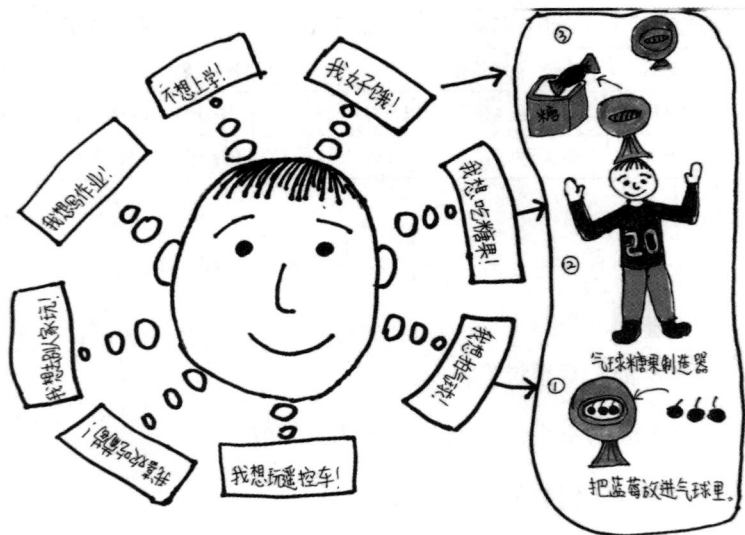

图 6-5 学生余近林的创意"气球糖果制造器"

（2）画面 2

❖ 请翻看图书第 34 页，在这里可以看到每个人都需要一些帮助。你认为画面中的人物需要什么样的发明呢？

❖ 请你寻找生活中需要帮助的人，并思考他们需要什么样的帮助呢？举例如表 6-6 所示。

表 6-6　生活中需要帮助的人及其需求

想帮助谁	苦衷（遇到问题）	怎么帮
跑步者	跑步者不用停下来就能喝到水	做一个"蓄水帽子"
外星人	需要一个眼镜	做一个"特别镜"
小猫	想运动，但不想出汗	做一个"运动吸汗机"
长颈龙	冬天脖子冷	做一个"超长毛巾"

❖ 画下 2～3 种人的困惑，或者需要解决的问题。

第 3 步，话题讨论。

（1）成为小小发明家会发生什么事情？

（2）发明创造从哪里开始？

（3）当你有一些奇思妙想时，你该怎么做？

（4）为你想帮助的人建立一份档案（参考书中 39 页）。

（5）选择一个普通的事物并尝试改造，把你的想法画下来或写下来。

（6）发明创造是只有想法就可以的吗？

第 4 步，评价与质疑。

（1）你最喜欢书中的哪个发明？

（2）你觉得发明是一件容易的事情吗？

（3）世界上为什么会有发明创造？

6.3 ✧ 第三学段（5 ～ 6 年级）的阅读 4 步走

6.3.1　这样读小说《鱼骨之歌》

图书名称:《鱼骨之歌》

图书类型: 虚构类

适读年级: 6 年级

扫描二维码
观看精讲视频

图书内容: 在山林的深处，一个名叫鱼骨的男人与他抚养长大的男孩相依为命，他教男孩打猎，还把自己的人生谱写

成人生之歌，教导男孩成长，让男孩学会与自然和谐相处，去探索梦想的边界。鱼骨的六支歌处处透露着人生智慧与人生哲理，值得每一位读者细细品味。

⭐ **提升阅读力的具体步骤** 👆

第 1 步，整体感知。

这本书讲了什么？

（1）主人公是谁，到底讲了什么，请融入每一支歌本身。

（2）运用表 6-7 进行梳理。

表 6-7　每一首鱼骨之歌

歌名	故事本身	主题
故事的开始		
流浪狗老蓝		
山林是我的课堂		
打猎就像探索世界		
梦想最远的边界		
你永远是我的一支歌		

说明：故事本身是指这支歌的主要内容。

第 2 步，聚焦细节。

（1）321 阅读法：在阅读中找出 3 个打动你的句子，2 个印象深刻的情节，1 个想评价的人物。

（2）聊一聊打动你的句子。例如："去了解，去学习，去看，去听，去感知，去洞察目力所及的世间万物。"

（3）令人印象深刻的情节，如 70 页小母鹿的情节。

（4）让你想评价的人物，如少年。

第 3 步，话题讨论。

（1）鱼骨为什么要收养这个少年？

（2）鱼骨打猎的主张是什么？为什么提出这种主张？

（3）少年为了打开自己的边界做了什么？

（4）鱼骨是怎样用心教育少年的？

（5）鱼骨的故事教会了少年哪些事情？

（6）少年在山林中学会了哪些事情？

第 4 步，评价与质疑。

（1）你的生活中有《鱼骨之歌》吗？

（2）你喜欢这种山居生活吗？为什么？

（3）大自然可以带给人类什么？

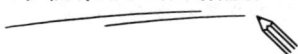

（4）你认为这本书仅仅在写鱼骨的故事吗？

6.3.2 这样读图像小说《传奇之城》

扫描二维码
观看精讲视频

图书名称：《传奇之城》

图书类型： 虚构类

适读年级： 6 年级

图书内容： 一个男孩经过长途跋涉来到神秘的传奇之城科德伽。他迫切想见到科德伽的国王，要让国王帮助他找回他遗失的一切。在一个戴着面具的小孩的带领下，男孩进入了这座迷宫般的城堡。在这趟旅程中，男孩经历了重重考验，见到了不同的人，发生了很多奇怪的事，最终见到国王……

⭐ **提升阅读力的具体步骤** 👇

第 1 步，整体感知。

（1）这本书讲了什么？请运用工具卡梳理，如图 6-6所示。

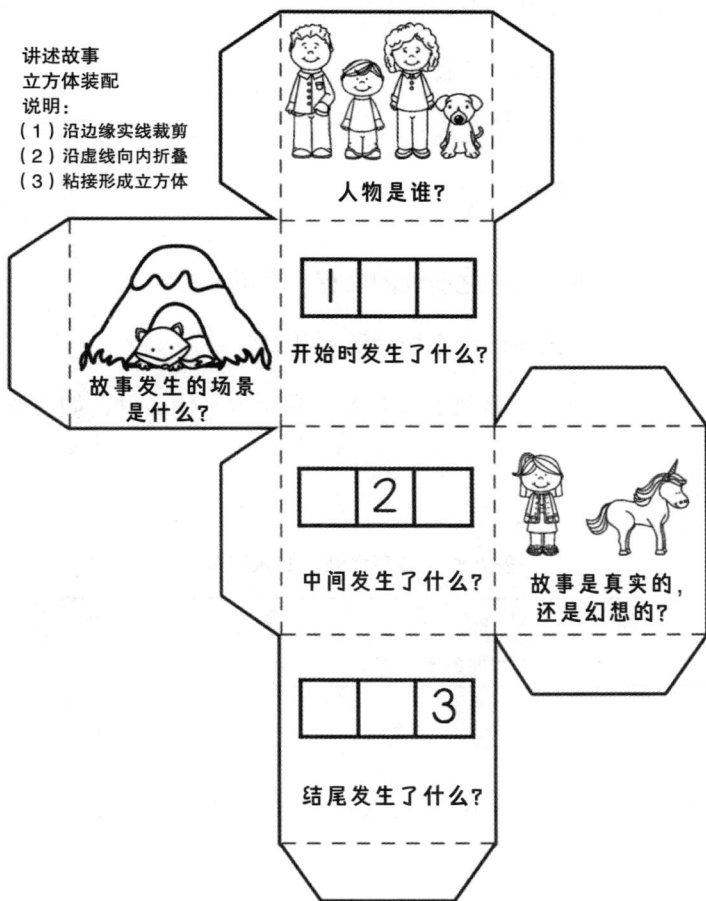

讲述故事
立方体装配
说明：
（1）沿边缘实线裁剪
（2）沿虚线向内折叠
（3）粘接形成立方体

人物是谁？

故事发生的场景
是什么？

1

开始时发生了什么？

2

中间发生了什么？

故事是真实的，
还是幻想的？

3

结尾发生了什么？

图 6-6 《传奇之城》工具卡

❖ 人物是谁？

❖ 主要大场景是什么？

❖ 故事是真实的，还是幻想的？

❖ 开始时发生了什么？

❖ 中间发生了什么？

❖ 结尾发生了什么？

（2）这本书与你之前读的书有什么不一样？

（3）小男孩在传奇之城经历了什么？

从场景归纳：遇到了什么人，或经历了什么事，如表 6-8
所示。

表 6-8 《传奇之城》的人和事

场景	人 / 事
刚进门	戴面具的小孩
三人台	
窗口	
喷泉	
吞噬记忆的洞	
灰暗的小广场	
怒气囚笼	
空中花园	
接待大厅	

第 2 步，聚焦细节。

（1）聚焦文字，体会含义深刻的句子。你是怎么理解以下句子的，联系上下文和生活实际进行思考。

❖ 有时候，人会变得懦弱，懦弱到无法奔赴一场约定。

❖ 在国王眼里，没有强弱和贵贱，不分先来和后到，不论喜好和憎恶。人们能不能见到国王，完全取决于求见者的个人意愿。

（2）聚焦画面。

❖ 观察建筑物的窗口页面，有熟悉的身影吗？为什么要画这么多的身影？

❖ 观察喷泉页，联系上下文，说一说他为什么怔住了？你能从池底奇异景象的画面中看出什么吗？喷泉象征着什么？

❖ 观察坐在跷跷板上的双胞胎。两个争吵的双胞胎象征着什么？小男孩是怎样解决他们争吵的问题的，你从中感受到了什么？

❖ 观察摘花页，摘下火焰之花这个举动代表了什么？

第3步，话题讨论。

（1）结合自我，展开思考。

❖ 如果是你，你敢进入传奇之城吗？

❖ 如果是你，你会摘那朵花吗？

（2）摘花之后便见到国王，如果不摘花可以到达吗？

（3）在一系列的事件中，哪些是考验？

（4）小国王为什么不愿意让小男孩离开？

（5）小男孩告别的到底是什么？你的依据是什么？

（6）小男孩到底要找什么？

（7）小男孩遇到的人、事、物分别象征着什么？

（8）哪些人在你的生活中给予过帮助或引领？

第4步，评价与质疑。

（1）通过观察图6-7，思考故事中旅行者、戴面具的小孩、小国王是什么关系？

（2）试着评价这三个人物，并说出依据。

（3）你认为现实生活中有传奇之城吗？

图 6-7　《传奇之城》的内页

图 6-7 《传奇之城》的内页（续）

6.3.3　这样读人物传记《科学家如何思考：达尔文与物种起源》

扫描二维码
观看精讲视频

图书名称：《科学家如何思考：达尔文

与物种起源》

图书类型： 虚构类

适读年级： 6 年级

图书内容： 这本书讲述了 1831 年，22 岁的达尔文登上贝格尔号，向南半球出发的求学和旅行经历。他探索了巴西热带雨林、巴塔哥尼亚高原、加拉帕戈斯群岛……达尔文观察物种，发现了生物多样性，最终发现了物种起源的奥秘。在观察的背后，科学家更需要严谨思考后得出的理论解释。这本书可以让孩子们了解科学家是如何思考的，如何成为一名伟大的科学家。

⭐ **提升阅读力的具体步骤** 👇

第 1 步，整体感知。

（1）运用 KWL 进行内容梳理，如表 6-9 所示。

❖ K（我知道的），对于达尔文 / 物种起源，你知道哪些知识?

❖ W（我想知道的），你想知道什么?

❖ L（我学到的），看完这本书，你学到了什么?

表 6-9　运用 KWL 梳理《科学家如何思考：达尔文与物种起源》

KWL	内容
Know（我知道的）	
Want（我想知道的）	
Learn（我学到的）	

（2）达尔文乘坐贝格尔号航行到达了哪些地方? 他发现了什么? 请将答案填入表 6-10 中。

表 6-10　达尔文航行的地点及其发现

到达地点	他的发现

（3）这趟旅行对发现物种起源起到了哪些作用?

第 2 步，聚焦细节。

（1）聚焦文字：从人物年表中，你读出了什么？

（2）聚焦画面：达尔文用生命树展现的是什么？书中的插图有什么作用？

第 3 步，话题讨论。

（1）物种起源理论是如何发现的？孩子可以用流程图梳理。

（2）达尔文一旦公开物种起源理论，将会面对什么？

（3）达尔文为什么要把重要观点隐藏近 20 年？

（4）你在达尔文身上学到了什么？

（5）科学家到底是如何思考的？

（6）达尔文对后世科学家产生了哪些影响？

（7）在书中，达尔文有哪些不同的身份？

第 4 步，评价与质疑。

（1）书中哪部分内容给你留下了深刻的印象？说出你的感受。

（2）如果没有达尔文，会有物种起源理论吗？